KB261601

갈 라 디 아 서

200주년 신약성서

KOREAN NEW TESTAMENT

This New Testament is published to commemorate
the 200th Anniversary of the Introduction of
the Catholic Faith into Korea (1784~1984).

The Epistle to the Galatians

newly translated with introduction and notes by
Seong-Keun Lee

© Benedict Press, Waegwan, Korea 2001

갈라디아서
2001 초판
역주자 · 이성근 | 펴낸이 · 김구인
ⓒ 분도출판사

등록 · 1962년 5월 7일 라15호
718-806 경북 칠곡군 왜관읍 왜관리 134의 1
왜관 본사 · 전화 054-970-2400 · 팩스 054-971-0179
서울 지사 · 전화 02-2266-3605 · 팩스 02-2271-3605
www.benedict.co.kr | press@benedict.co.kr

ISBN 89-419-0111-1 94230
ISBN 89-419-0052-2 (세트)
값 5,000원

갈라디아서

이 성 근 역주

분 도 출 판 사

한국 천주교회
200주년 신약성서

번역위원
(가나다순)

김 병 학
김 영 남
민 병 섭
박 상 래
박 영 식
범 선 배
서 인 석
신 교 선
이 성 근
이 영 헌
이 홍 기
장 엘마로
정 양 모
정 태 현
진 토마스

출판위원

선 지 훈

편집실무

정 한 교

차 례

해 제

본문과 주해

해 제

갈라디아서는 근본적으로 논쟁적인 편지이다. 바울로 사도는 갈라디아 공동체에서의 긴박한 상황과 문제에 직면하여 그것을 해결하고자 이 편지를 저술하였기 때문이다. 따라서 이 편지는 바울로 사도의 사상과 감정을 풍부히 담고 있으며, 사도의 열정적인 성격을 잘 반영하고 있다.

신학적인 면에서 갈라디아서의 가치는 매우 크다. 바울로는 갈라디아인들에게 자신이 선포한 복음을 설명하면서 자신의 신학을 대표하는 중요한 개념들과 용어들을 선보이고 있으며, 나중에 로마서에서 이를 더욱 신중하고 체계적으로 발전시킬 것이기 때문이다. 역사적 관점에서도 이 편지는 매우 중요한데, 바울로 사도의 일대기와 초대 그리스도교에 관련된 직접적인 자료들을 많이 포함하고 있기 때문이다. 특히 바울로 사도의 연대기와 그에 따른 편지들의 작성연대를 추정하는 데 없어서는 안될 소중한 사료이다.

1. 친저성

갈라디아서의 연구에 있어서 가장 논란 없이 받아들여지는 것이 저자 문제이다. 이미 초대 교부시대부터 이 편지는 바울로의 친서로 받아들여지고 있다. 교회 저술가들도 이를 인용하였으며(로마의 클레멘스, 안티오키아의 이냐시오, 폴리카르포), 가장 오래된 라틴어·시리아어·이집트어 번역본에도 다른 바울로 서신들과 함께 자리하고 있다. 테르툴리아노에 의하면 마르키온의 정경목록에서 이 편지가 바울로 서간 중 첫번째 자리를 차지하고 있었다. 그렇지만 무라또리 단편에서는 다섯번째 자리에 나온다. 갈라디아서의 본문은 바울로 서간의 가장 오래된 필사본인 P^{46}에 전문이 (로마서, 히브리서, 두 편의 고린토서 뒤에) 실려 있다.

지난 세기에 바우어B. Bauer가 친저성에 대해 부정적인 견해를 주장했지만 이는 다른 어떤 학자들의 호응도 받지 못했으며, 통일성을 부정하는 다른 견해들도 정설로 인정받지 못하였다.

고대로부터 오늘날에 이르기까지 갈라디아서는 그 사도적 권위, 통일성 그리고 친저성에 관해서 논란이 된 적이 없으며, 다른 바울로 서간들과 비교해 보아도 그 필체와 문체가 바울로의 것이 확실하다.

2. 갈라디아 지역의 역사적 배경과 복음화

그리스도교 초기 시대에 "갈라디아"라는 용어는 소아시아의 중북부 고원 지역을 지칭하였다. 갈라디아인들은 본래 아시아의 인도-아리안 지파였고 동부 유럽 다뉴브 강 유역에서 살던 켈트족, 골족과 관련되었다(갈라디아인이라는 이름은 켈트인의 또 다른 표기이다). 기원전 279년경 그들 중 일부가 다뉴브 강 하류 지역과 마케도니아 지방을 침공하여 그리스 반도까지 남하하였다. 기원전 278년 에톨리안족에 저지당한 그들은 헬레폰네스를 넘어 소아시아 지방까지 쫓겨갔다. 그들은 그곳의 모든 지역을 방랑하다가 기원전 239년 페르가뭄 왕국의 앗달루스 1세에게 패하여 땅의 경계를 상가리우스 강과 할리스 강 사이의 세 도시, 즉 안키라, 페씨누스, 타비움 주위에 정하게 되었다. 그러나 그들은 계속해서 주변 국가들과 분쟁을 일으키다가 결국 기원전 189년 로마의 총독 만리누스 불소Manlinus Vulso에게 정복되었다. 로마는 그들을 페르가뭄 왕국과의 절충지대로 활용하며 그들에게 획기적인 자율권을 부여하였다.

아민타스Amyntas 왕이 죽자 갈라디아는 안키라를 수도로 하는 로마제국의 속주province가 되었다. 여기에 소아시아 중남부의 몇몇 지역, 비시디아, 프리기아, 리가오니아가 합병되었다. 따라서 고유한 의미에서의 갈라디아(북부 갈라디아)와 나중에 같은 로마의 속주에 합쳐진 지역(남부 갈라디아)을 구분할 필요가 있다. 종교적 관점에서 갈라디아는 자신들의 신앙에 충실하면서도 지역 종교들의 여러 요소들을 받아들였다. 갈라디아 속주에는 많은 유대교 공동체가 있었는데, 특히 남부 지역에 집중되어 있었다.

로마의 속주 갈라디아에는 그리스도교의 메시지가 매우 일찍 전해졌다. 사도행전은 첫번째 선교여행 때, 바울로가 바르나바와 함께 갈라디아 남부 지역에

갔었고(밤필리아, 비시디아, 리가오니아), 거기에서 비시디아의 안티오키아, 이고니온, 리스트라, 데르베와 베르게의 공동체를 세웠다고 전한다(사도 13,13 - 14,26). 두번째 선교여행 때 바울로는 실라를 대동하여, 전에 세웠던 공동체들을 방문하면서 이 지역을 다시 횡단하였다(사도 16,1-5). 또 같은 기회에 총독부의 아시아(에페소)에 가는 것을 성령이 막으셨으므로 바울로는 북부 갈라디아를 횡단하였다(사도 16,6). 그가 이 북부 갈라디아 지역을 복음화한 것은 바로 이때였던 것으로 보이는데, 왜냐하면 바울로가 에페소에 가기 전인 세번째 선교여행의 초기에 "모든 제자들을 굳세게 하면서"(사도 18,23) 갈라디아를 두번째 횡단하였다고 루가가 전하기 때문이다. 그러나 유감스럽게도 이 지역에서 사도가 어떤 활동을 했는지는 전해지지 않는다.

3. 내용과 구조

갈라디아서에는 논쟁적인 저술답게 비난, 꾸중, 숙고, 논쟁과 자서전적인 단서들, 성서 주제들, 권고들을 담고 있다. 따라서 그에 대해 많은 가설들이 제기되고 있는 것에서 알 수 있듯이 구조를 밝히는 것은 특별히 어려운 일이다. 서간체를 바탕으로 하여 서론(1,1-10)과 본문(1,11 - 6,10) 그리고 추신(6,11-18)으로 구분된다. 그러나 서론의 길이에 대해서는 일치점을 찾지 못하는데 어떤 학자들은 처음의 다섯 절로 제한하는 반면, 다른 학자들은 1-9절까지 늘려 잡는다.

편지의 본문에 관해서는 전혀 다른 구조들이 제시되었다. 주로 주제적인 기준에 근거하여 많은 학자들이 서로 길이가 다른 두 부분, 세 부분 혹은 네 부분으로까지 나눈다. 그러나 가장 일반적인 이론은 삼중 구조로 보는 것인데, 자서전적인 단락(1,11 - 2,21), 교의적 단락(3,1 - 4,31) 그리고 권고적 단락(5,1 - 6,10)으로 구분하는 것이다.

편지의 구조를 밝히려는 또 다른 시도는 동양의 고유한 사고방식인 교차대구법적인 전개로 보는 것이다. 예를 들어, 푸이예A. Feuillet에 의하면 바울로는 자신의 이론을 1,10-11(A)과 1,12(B)에 전개하였고, 이를 1,13 - 2,21(A¹)과

3,1 - 6,10(B¹)에서 발전시키고 있다. 블릭J. Bligh은 사도가 전체적인 교차대구법의 구조를 사용한다고 주장한다.

현대의 많은 학자들은 바울로가 그리스 수사학의 법칙을 따랐다고 생각하는데, 세 가지 근본적인 유형 중의 하나를 바탕으로 자료들을 배열하였다고 주장한다. 하나는 "법률적" 유형으로서 공격할 때나 변호할 때 사용하였고, 또 하나는 "토론적" 유형으로 설득하거나 단념시키는 데 이용되었고, 다른 하나는 "웅변적" 혹은 "증명적" 유형으로 특히 칭찬이나 비난 형태의 교육적인 분야에서 사용되었다. 이 시도들은 의심의 여지 없이 갈라디아서에 접근하는 새로운 지평을 열었다. 사실 바울로가 결정적으로 그리스 수사학에서 영감을 얻었다는 것이 증명되지는 않았지만 편지의 몇 부분에서 "수사학 규칙들을 학문적인 엄격함이 아니라 자연스러운 방법으로 사용했다"는 것을 부인하지 못한다.

여러 가설을 고루 존중하면서 다음과 같은 삼중 구조를 제시해 볼 수 있다.

서론(1,1-10)

1. 서문(1,1-5)

2. 권고와 편지의 주제: 유일한 바울로의 복음과 이에 충실해야 하는 갈라디아인(1,6-10)

본문(1,11 - 6,10)

1. 자서전적 서술(1,11 - 2,21): 바울로가 선포한 복음

  1) 계시에서 기인한 복음(1,11-24)

  2) 예루살렘의 "중요한 인물들"이 인정한 복음(2,1-10)

  3) 베드로 앞에서도 옹호된 복음(2,11-21)

2. 교의적 논제(3,1 - 4,31)

  1) 갈라디아인들의 그리스도적 체험(3,1-5)

  2) 성서적 주제: 아브라함의 예(3,6-29)

    a) 오직 신앙을 통해서만 얻어지는 축복(6-14절)

    b) 약속을 무효로 만들 수 없는 율법(15-18절)

    c) 그리스도가 오시기까지 "감시자"로서의 율법(19-29절)

3) 자유와 하느님의 자녀 됨(4,1-31)

    a) 그리스도와 성령의 활동(1-7절)

    b) 갈라디아인들의 경험(8-20절)

    c) 새로운 성서 주제: 두 계약(21-31절)

3. 권고(5,1 - 6,10)

    1) 사랑을 통해 활동하는 신앙에 항구할 것(5,1-12)

    2) 자유와 성령 안에서의 삶(5,13 - 6,10)

       a) 율법의 성취인 사랑(5,13-15)

       b) 성령을 따르는 삶(5,16-24)

       c) 형제적 일치와 종말론적 기다림(5,25 - 6,10)

추신(6,11-18)

4. 수신인과 저술시기

바울로는 자신의 편지를 구체적인 설명 없이 "갈라디아의 여러 교회들"(1,2)에 보내고 있고, 그 구성원들을 그냥 "어리석은 갈라디아 사람들"(3,1)로 간단히 표현하고 있다. 그의 활동을 시간과 공간 안에서 구체적으로 확인하기 위해서는 문제의 공동체들이 어디에 위치하고 있는지 살펴볼 필요가 있다. 사실 바울로가 자신의 첫번째 선교여행 동안 갈라디아 속주의 남부지방에 설립한 공동체들을 지칭하거나(사도 13,13 - 14,26), 원래의 갈라디아(북부 갈라디아)에 좀더 나중에 설립된 공동체들을 가리킬 수 있다(사도 16,6).

  역사적으로 볼 때 교부시대부터 시작하여 중세, 근대에 이르기까지 거의 모든 주석가들은 갈라디아서가 소아시아 북쪽에 위치했던 골족, 혹은 켈트족의 교회들에게 보낸 편지라고 받아들였다. 이 "북부갈라디아설"에 반대하여 1748년 쉬미트J. Schmidt가 "남부갈라디아설"을 주장했는데, 이 이론은 후에 레넌E. Renan, 잔T. Zahn, 람세이W.M. Ramsay 같은 학자들이 지지하였고, 오늘날에도 여전히 이 이론을 지지하는 학자들이 있다.

1) 남부갈라디아설

이 이론에 의하면 바울로는 안티오키아 · 이고니온 · 리스트라 · 데르베, 즉 자신이 첫번째 선교여행 때 설립하였고(사도 13,14.51; 14,6) 두번째 선교여행 때 다시 방문한(사도 16,1-2) 공동체들에게 이 편지를 쓴 것이다. 이 이론의 근거는 다음과 같다.

가) 바울로는 어떤 지역의 이름을 거론할 때 로마의 공식적인 속주명을 사용했지 지방의 이름을 사용하지 않았다. 예를 들면 "아카이아"(로마 15,26), "마케도니아"(1데살 1,7-8), "아시아"(로마 16,5) 등이 있다.

나) 바울로가 갈라디아를 가로지른 여행에 대해 전하고 있는 사도 16,6과 사도 18,23 어디에도 북부 갈라디아에 그리스도교 공동체를 설립했다는 암시를 찾을 수 없다.

다) 북부 갈라디아 지역의 언어는 예로니모 시대까지 켈트어 형태였기 때문에 바울로가 알지 못했을 것이다. 그 지방 언어를 모르면서 편지를 보냈을 수 없다.

라) 갈라 3,2-3.13-14.23-24; 4,2.5; 5,1의 본문은 독자들이 유대계 그리스도인들이었음을 암시하며, 그들은 오직 남부 갈라디아의 헬레니즘화되었던 도시에만 존재하였다.

마) 특별한 소개 없이 바르나바에 대해 언급하고 있는 것(2.1.13)은 그가 독자들에게 이미 알려져 있음을 전제로 하는 것이다. 갈라디아서의 독자들이 바울로가 바르나바의 도움을 받아 설립한 공동체들의 구성원들이라고 한다면 이것도 쉽게 설명이 된다.

바) 바울로가 갈라디아 공동체들의 위기 소식을 듣고도 즉시 방문할 수 없었다는 사실도 의미가 있다. 당시 바울로가 갈라디아에서 먼 곳, 즉 마케도니아나 고린토에 있었다면(즉, 두번째 선교여행중에 있었다면) 이 또한 어렵지 않게 설명이 된다.

사) 바울로는 갈라디아 공동체들의 선동자들을 "거짓 형제"(2.4)나 "야고보가 보낸 사람들"(2.12)과 동일시하고 있다. 그들은 예루살렘에서의 대결(사도회의)에서

바울로에게 패한 후, 그가 첫번째 선교여행중에 세운 공동체들에 자신들의 사상을 전파했으리라는 것을 배제할 수 없다.

이 이론에 따라 수신인들이 남부 갈라디아인들이라면 갈라디아서는 데살로니카 전서보다도 앞서는 바울로 서간 중 가장 오래된 편지일 것이다. 좀더 구체적으로는 예루살렘 사도회의 조금 전이나 직후, 즉 두번째 선교여행 초기(49년)나 혹은 좀더 뒤에 두번째 선교여행이 끝나고 바울로가 고린토를 떠날 준비를 하는 동안(52년)에 씌어졌을 것이다.

2) 북부갈라디아설

전통적인 입장을 주장하는 학자들은 남부갈라디아설의 근거를 반박하면서 북부갈라디아설을 옹호한다. 이 이론을 지지하는 근거 역시 다양하며 논리 정연하다.

가) 1.21에서 바울로는 "시리아와 길리기아"를 언급하는데 이는 지방 이름이지 속주명이 아니다. 또 1.17에서는 "아라비아"를 언급하는데 그 지역은 서기 106년에 가서야 로마의 속주가 되었다. 그리고 "갈라디아"가 어디를 지칭하는지에 대해 의심을 갖더라도 "갈라디아인들"이 지칭하는 것은 분명하다. 그것은 야만족의 이름이며 바울로 자신도 비시디아나 리가오니아처럼 헬레니즘화한 도시의 주민들에게는 한 번도 사용하지 않은 이름이다.

나) 사도행전이 북부 갈라디아에서의 공동체 설립에 대해 침묵하고 있지만 사도 18.23은 이미 그곳에 공동체들이 존재하고 있었음을 전제하고 있다. 또한 사도 16.6의 자연스러운 귀결은 바울로가 리스트라와 이고니온에서 프리기아와 "갈라디아 지방"으로 옮겨갔다는 것이다.

다) 북부 갈라디아인들의 언어를 바울로가 이해하지 못했더라도, 그는 선교여행중에 갈라디아뿐 아니라 다른 지역에서도 통역가를 이용할 수 있었을 것이다(사도 14.11 참조).

라) 갈라디아서의 내용에서 독자들이 유대계 그리스도인들이라고 볼 수 없다. 4.8; 5.2-3; 6.12-13에는 오히려 대부분의 독자들이 이방계였음을 암시한

다. 또한 유대인들이 살았다고 알려진 안티오키아나 리스트라 등에서는 율법과 그리스도교의 문제가 그다지 일찍 불거지진 않았을 것이다. 1,6에서는 갈라디아인들이 유대교 관습에 매력을 느낀 것이 최근의 일임을 암시하고 있다.

　마) 바르나바에 대한 언급 자체도 그다지 큰 의미는 없다. 바울로는 남부 갈라디아의 공동체들에게 그때까지 알려지지 않았던 게파/베드로도 언급하고 있기 때문이다.

　바) 바울로의 적대자들 역시 문제를 해결하는 데 도움을 주지 못한다. 첫번째 선교여행이 끝날 무렵에 그들은 예루살렘과 안티오키아 주변의 집단이었던 반면, 갈라디아의 선동가들은 바울로가 세번째 선교여행중 에페소의 복음화에 열중하고 있는 동안 고린토와 필립비에 있었던 집단과는 달리 광범위하고 공격적인 그리스도교 선교 운동에 속했던 사람들이다.

　사) 편지의 저술시기를 두번째 선교여행으로 앞당겨 잡으려는 것은 갈라디아서에 나타나는 개념들과 용어들이 세번째 선교여행이 끝날 무렵에 씌어진 로마서의 그것들과 비슷하다는 사실에 대치된다.

　오늘날 대다수의 학자들은 둘째 이론을 지지한다. 갈라디아서는 따라서 바울로가 자신의 두번째 선교여행중에 설립한 북부 갈라디아의 공동체들에게 보냈을 것이다. 그러나 갈라디아서와 다른 편지들의 연대기적 관계를 설정하기가 매우 힘들고, 결과적으로 저술시기를 알아내기도 어렵다. 사도행전에 나오는 바울로의 선교여행을 기초로 하여, 학자들은 에페소, 마케도니아, 고린토 등을 저술장소로 주장한다. 정확한 저술시기에 대한 이론도 다양한데, 일반적인 바울로의 연대기를 바탕으로 54년(가장 개연성 있음)에서 57년 사이로 추정된다.

5. 바울로와 갈라디아 교회들의 관계

갈라디아서는 편지의 수신인이 된 그리스도인들에 대해 많은 정보를 포함하고 있다. 바울로를 만나기 전에 그들은 하느님을 몰랐고 거짓 신을 섬겼으며(4,8),

그들의 종교는 자연의 강한 원소들을 섬기는 것이었으며(4.3.9), 그것들에 종살이를 하였다(5.1).

바울로는 육체적 질병 때문에 그들의 지역에 머무르게 되었고, 그것을 기회로 그들을 복음화하기 위해 헌신하였다(4.13). 그들을 위해 수고와 고통을 겪었고(4.11.19), 아마도 모세의 율법에 대한 준수를 포기하는 수준까지 그들의 풍습과 관습에 완전히 따랐던 것 같다.

그가 비참하고 고통스런 상황에 처한 것을 본 갈라디아인들은 그를 매우 관대하게 "하느님의 천사처럼, 그리스도 예수"처럼 맞아주었고, 그를 위해서는 눈이라도 빼줄 수 있을 정도였다(4.14-15). 그들은 그의 설교를 믿음으로 들어주었고(3.2.5), 세례로써 그리스도교에 입교하였다(3.27). 그들은 성령에 대한 깊은 경험을 하였고(3.2.4-5), 성령은 그들 가운데 기적적인 표지로써 자신을 드러내셨다(3.5). 그렇지만 성령은 무엇보다 그들에게, 아들이 사랑과 친밀함과 신뢰를 표현하기 위해 아버지를 부르는 "아빠", "아버지"라는 호칭으로 하느님을 부를 수 있게 해주었다(4.6). 그들은 이렇게 모든 면에서 하느님의 자녀가 됨으로써(3.26) 하느님과의 친밀한 관계에 들어가게 되었다(4.9).

갈라디아인들은 이렇게 영적인 사람들, 즉 성령의 인도를 받는 사람들이 되었다(6.1). 특히 거짓 신들(4.8), 세상의 원소들(4.3.9), "육"과 그 정욕과 사욕(5.24)에 예속되는 것을 피하고, 구원을 위해 세워진 모든 율법 준수를 포기함으로써(3.13) 자유를 획득하였다(5.1.13). 그 결과로 서로를 온전히 섬길 수 있었고(5.13), 모든 것이 나아졌다(5.7).

그러나 편지가 씌어졌을 무렵에는 다른 복음으로 돌아서고 있고(1.6), 성령으로 시작하여 육으로 끝내기를 바라는(3.3) 어리석은 사람들이 되었다. 그들은 무의식적으로 과거의 이교에로 돌아가고 있다(4.9). 그것은 하느님의 영감에서 나온 것이 아니라(5.8), 마술에 홀린 결과이다(3.1).

그래서 이 편지는 이교 기원의 그리스도인들에게 보낸 것이며, 바울로는 그들에게 사도적 활동의 어렵고 미묘한 순간에 복음의 메시지를 선포한 것이다. 그들은 열광적으로 그리스도교에 호응하였고, 그것으로 바울로와 밀접히 결속되었다. 이 사실은 당시 이루어지고 있던 변화를 더욱 극적으로 만드는데, 왜냐하면 그들은 단순히 사도가 선포한 복음뿐 아니라 그의 인격까지 거부하고 있던 것으로 보이기 때문이다.

6. 바울로의 적대자들

갈라디아인들이 바울로 사도에게 등을 돌린 것은 그들의 자발적인 선택이 아니라 그들 사이에 침투한 익명의 인물들의 영향을 받은 것이었다. 따라서 이 편지의 내용을 제대로 이해하기 위해서는 이 적대자들의 정체를 밝히고 그들의 사상을 가능한 한 재구성해볼 필요가 있다.

1) 편지에 나타난 선동가들의 특징

바울로는 갈라디아 공동체에 침투한 사람들이 누구인지 밝히거나, 그들의 이론을 직접 서술하지도 않고, 그들과 직접 대화하려고 시도하지도 않는다. 그러나 갈라디아인들이 그들의 편에 섬으로써 저지르는 잘못에 대해 설득시키기 위해 개입함으로써, 선동가들의 입장을 간접적으로 암시하고 있다. 따라서 편지에 포함된 강조점들과 논쟁적인 주제들 혹은 주장뿐 아니라 가끔은 모호하기도 한 언급들(비난, 논쟁적인 욕설, 역설적인 소견, 수사학적 질문들)에서부터 출발하여 그들의 사상을 재건할 수 있을 것이다.

적대자들은 그리스도의 복음을 왜곡시키려 하고(1.7), 갈라디아인들을 진리의 길에서 막고 있는 사람들이다(5.7). 그들이 공동체에 가져온 혼란은 엄중한 심판과(5.10) 파문을 받을 만한 것이었다(1.8.9). 실제로 그들은 구원을 받기 위해 그리스도께 대한 신앙을 가져야 함을 부인하지는 않지만(2.16.17), 갈라디아인들로 하여금 할례를 받고(5.6.11-12; 6.12) 모세의 율법을 지키도록 강요하면서(4.21), 이 단계가 의화를 얻기 위해 필수적인 것이라고 주장하였다(5.4). 그러나 그들은 갈라디아인들에게 할례를 받아야 한다고 가르치면서도 할례를 받은 다음에는 모든 율법을 지킬 의무가 있다는 것을 설명하지 않았다(5.2-4). 더구나 그들 자신은 율법을 지키지 않으면서도, 갈라디아인들이 할례받았다는 것을 자랑하기 위한 목적으로 그리고 그리스도의 십자가 때문에 박해받지 않기 위한 목적으로만 할례를 주장하였다(6,12-13). 더구나 그들은 특정한 "날과 달과 절기와 해"를 지키도록 가르치는데, 그것은 갈라디아인들이 그리스도인이 되면서 벗어났던 이 세상의 원소들에 다시 예속시킬 위험이 있었다(4,9-10; 참조 4,3).

바울로와는 다른 교의를 가르치면서 적대자들은 갈라디아인들을 사도와 갈라놓기 위해 노력하였다. 갈라디아인들을 위해 배려했지만 그것은 개인적인 이해관계에서 나온 것이었다. 그들은 갈라디아인들이 자기들에게 열성을 보이도록 따로 떼어내기를, 즉 바울로에게서 분리시키기를 원하였다(4,17). 그래서 바울로에 대한 비난과 비방도 마다하지 않았는데, 바울로는 진짜 사도가 아니라 사람들이 보낸 단순한 설교가이고(1,1), 그가 할례로부터의 해방을 설교한다면 그것은 사람들의 환심을 사려고 하는 것이며(1,10), 그의 교의는 단순히 사람으로부터 비롯된 것이고 사람의 기준에 의한 것으로(1,11-12), 베드로나 예루살렘의 저명한 사람들의 설교 수준에 못 미치는 것이다(2,1-10). 더구나 그 자신이 할례를 완전히 거부한 것은 아니며(5,11), 그의 이론으로 비윤리적이고 자유방임적인 길을 열었다(5,13.19-21.24-26)고 주장하였다.

2) 선동가들의 정체

편지에서 바울로가 언급하고 있는 사항들에서 출발하여 학자들은 새로운 선동가들의 정체를 규명하려고 시도하였다. 교부 시대부터의 전통적인 견해는 그들이 유대주의적 유대계 그리스도인들이라는 것이었다. 오늘날 대부분의 학자들도 이런 전통적인 해석에 지지를 보내고 있지만 그들의 종교적·문화적 기원과 갈라디아에서 소요가 일어나게 된 배경에 대해서는 상당히 다른 의견을 보이고 있다.

제일 먼저 문제를 제기한 것은 튀빙겐 학파였다. 바우어F.C. Baur는 그들이 예루살렘 출신의 열성적 유대계 그리스도인들로서, 당시 바울로의 선교 방법에 완전히 동조하지 않고 있었던 예루살렘 사도들의 묵인하에 바울로의 교회에 침입하여 이방인들에게도 율법의 계명들을 요구함으로써 복음화 사업을 완성하려 하였다고 주장하였다. 후에 쉬베글러A. Schwegler와 젤러E. Zeller는 바울로의 적대자들의 배후에는 예루살렘 교회의 전체 지도층이 있었으며 그들 중에는 베드로와 야고보가 포함되어 있었다고 주장하였다.

이 이론을 반박하고 나선 것은 라이트후트J.B. Lightfoot였는데, 그는 새로운 선동가들이 예루살렘 출신이라고 하더라도 그들의 활동은 예루살렘 사도들의 지지를 받지 못하였기 때문에 그들 나름대로의 노선을 택한 것이라고 주장하였다. 이 이론을 수정한 것은 호르트F.J.A. Hort였는데, 그에 의하면 그들은 야고보 계통의 사람들로서 팔레스티나 밖에 있는 공동체 안에서 유대인들과 이방인들의 관계에 대해 사목적으로 걱정하던 야고보가 자신의 대리인으로 파견한 사람들이었다. 하지만 그들은 야고보의 관심사를 잘못 이해하였을 뿐 아니라 이방계 그리스도인들도 할례를 받고 유대교식 생활방식을 영위해야 한다는 자신들의 주장을 합리화하는 데 이용하였으며, 그래서 그들의 활동은 예루살렘 사도들에게 지지를 받지 못하였다고 보았다.

뤼트거트W. Lütgert와 로페스H. Ropes는 갈라디아에 두 종류의 적대자들이 있었다고 주장한다. 즉, 바울로의 메시지 중 유대교적 특징을 과장하는 유대주의 그룹과 자유에 대한 가르침을 과장하는 영적 근본주의로 구성된 영적 그룹이 있었으며 이들은 서로 대립하고 있었다. 유대주의 그룹은 바울로가 예루살렘 사도들로부터 너무 독립되어 있다고 비난하였고, 반대로 영적 그룹은 바울로가 사도들과 유대교의 윤리적 전통에 너무 얽매여 있다고 비난하였기 때문에 바울로는 이 두 그룹의 비난에 대해 한편으로는 자신의 사도적 권위와 복음의 정당성을 옹호하고(1.1 - 5.12), 다른 한편으로는 윤리적 극단주의를(5.13 - 6.10) 견제해야 했다. 로페스는 이런 뤼트거트의 이론에 동조하면서 그들은 유대인도, 유대주의자들도 아니고 그리스도교 신앙 안에 있는 히브리 요소에 매료된 이방인들이라고 주장하였다. 그러나 이 이론은 학자들에 의해 받아들여지지 않았는데, 그것은 바울로가 갈라디아인들에게 그들이 한 종류의 사람들인 것처럼 말하고 있어서 굳이 바울로에게 적대하는 두 그룹을 상정할 필요가 없기 때문이다.

뭉크J. Munck는 문제의 핵심이 바울로의 메시지에 있던 것이 아니라 구세사와 관련된 것임을 주장했다. 즉, 예수의 재림 때 이루어질 유대인들의 완전한 구원 이전에 많은 수의 이방인들이 먼저 신앙을 갖게 될 것인지가 문제의 핵심이므로 갈라디아의 선동가들은 유대교 유대주의자일 수 없다. 그들은 예루살렘에 대한 바울로의 가르침을 곡해하고 구약 독서에 과도하게 사로잡힌 이방인들이었다고 주장한다. 오늘날 이 주장도 설득력을 잃고 있는데, 그것은 뭉크가 자기 이론의 근거로 6,13을 제시하면서, 그들이 할례를 주장하는 것이 박해를 피하기 위한 것이라는 6,12의 내용을 무시하고 있기 때문이다.

쉬미트할스W. Schmithals는 갈라디아의 적대자들이 유대계 그리스도인들로서 열광적인 영지주의자들이라고 본다. 그들은 사실 자유를 육에 따라 살기 위한 구실로 삼는다(5,13). 할례를 강요하지만 그것은 기회주의적인 것이고, 모든 율법을 준수하도록 요구하지도 않은 것 같다(참조 5,3; 6,12-13). 바울로가 1,11-24에서 반박하고 있는 비난은 그가 예루살렘의 사도들보다 못하다는 비난이 아니라 그들이 자랑하는 영적이고 은사적인 현상들이 없었다는 비난인 것 같다. 사실 그들은 윤리적 자유방임주의를 예식적 의식주의와 혼합시키고, 그리고 할례의 마술적이고 자유론적인 개념과 우주 원소의 경배 의식을 혼합시킨다. 이 이론은 일리가 있지만 많은 약점을 지니고 있다. 왜냐하면 그 이론이 근거하고 있는 자료들은 얼마든지 다르게 해석될 수 있기 때문이다. 특히 바울로가 그토록 많은 관심을 기울이는 그리스도교 안에서의 율법의 역할이 논쟁의 진정한 핵심이 아니라는 것을 받아들이기가 어렵다.

주웨트R. Jewett는 바울로의 적대자들을 당시 팔레스티나에서 일어나고 있던 젤롯 운동, 특히 벤띠디우스 꾸마누스Ventidius Cumanus가 총독으로 있는 동안(48~52년) 일어났던 젤롯 운동을 배경으로 설명한다. 66년 유대전쟁 발발 때까지 젤롯 운동이 일어나 이스라엘에서 모든 이방 요소들을 제거하려는 움직임이 있었으며, 이방인들에게 호감을 갖고 있는 사람들에게 반대하는 운동이 일어났다. 당시 유대의 유대교 그리스도인들 사이에는 율법주의적인 운동이 일어났는데 그것은 율법을 모르는 이방인들과 교제한다는 의혹을 피하고, 이방인들에게 할례를 요구함으로써 젤롯당의 복수를 피하기 위한 것이었다. 따라서 주웨트는 갈라디아의 유대주의자들은 바울로에게 반대하려던 것이 아니라 바울로의 메시지를 보완하여 갈라디아의 개종자들을 완전함으로 이끌려고 했으며, 이것이 그들에게 매력을 느끼게 하였다고 보았다.

위에서 보았듯이 갈라디아에서의 선동가들의 정체와 소요의 배경에 대한 학자들의 주장은 매우 광범위하다. 위의 이론들은 나름대로 지지를 받아왔고 또 수정, 변경되어 왔다. 그래서 어떤 학자들은 그들의 정체를 학문적으로 규정하는 것은 불가능하다고 생각하지만 최소한 그들의 일반적인 윤곽에 대해 묘사하는 것은 가능할 것이다.

대다수의 학자들은 그들이 율법주의적 유대계 그리스도인들이라는 전통적 해석을 따르고 있다. 그들은 유대교적 방향의 그리스도교 선교운동을 전개하던 사람들로서, 그리스도의 복음이 할례와 율법 준수의 필요성까지 제거한 것은 아니라고 생각한 사람들이었다. 그들은 율법과 할례 그리고 전례력의 원리를 지켜야 한다는 메시지를 들고 왔으며, 그것이 선택된 이스라엘 백성에 온전히 참여하기 위한 것이고 아브라함의 축복에 참여하기 위한 것이라고 주장하였을 것이다. 아마도 그들은 바울로에 반대하는 것이 아니라 그의 메시지를 완성하기 위한 것이며 갈라디아의 그리스도인들을 완전함으로 인도하기 위한 것이라고 주장했을 수도 있다.

비록 그들이 예루살렘 교회나 그 지도자들과 연관이 있었는지 그리고 어떤 관계에 있었는지는 명확하지 않고, 바울로가 주장하는 대로 그들이 "그리스도의 복음을 왜곡하려는" 의도가 있었던지도 분명하지 않지만, 바울로가 소요 상황에 직면하여 그리스도교 메시지의 핵심을 이 기회에 분명히 밝히고 있음에는 의심의 여지가 없다.

바울로와 갈라디아 공동체 사이에 있었던 분쟁의 결과에 대해서는 알려진 바가 없다. 편지의 어투로 보아서는 거의 완전히 결별할 지경인 듯하다. 사도가 갈라디아인들이 자신과 자신의 복음에서 완전히 멀어짐으로써 마지막 행보를 옮기지 않도록 했을 수도 있다. 그러나 이것은 증명된 것이 아니다. 로마

15,25-26에서 바울로는 마케도니아와 아카이아에서 행해진 모금을 이야기하면서, 그 모금이 이미 시작되었던(1고린 16.1 참조) 갈라디아를 언급하지 않는다. 더구나 그가 기금을 가지고 예루살렘에 갔을 때, 갈라디아 교회의 대표가 동행하지 않았다(사도 20.4 참조). 이는 이 지역들이 그 계획에 참여하기를 거부하였으며, 이는 그들이 바울로와 그의 복음을 버렸음을 의미할 수 있을 것이다.

7. 메시지: 그리스도의 유일한 복음

갈라디아 교회에 침투한 유대교 풍습을 주장하는 설교가들에 대해 바울로는 순수하게 그리스도론적인 열쇠로 대항한다. 그들의 의도와 그들 주장의 궁극적 기원이 무엇이든지간에 바울로는 그리스도에 의해 실현된 하느님 계획의 빛에 의해 율법의 역할에 대한 분명하고 결정적인 심판이 내려질 수 있음을 보여준다.

1) 우리들의 구속자 그리스도

갈라디아서에서 바울로는 하느님의 구원 계획이 그리스도의 인격 안에서 완성에 도달했음을 밝히고 있다. 그는 아브라함에게 하셨던 약속이 이루어지게 한 "후손"이다(3.16). "때가 차자 하느님께서 당신 아드님을 보내셨고, 그분은 한 여인에게서 태어나 율법 아래 놓이셨습니다. 그것은 율법 아래 있는 이들이 구속되도록, 그리고 우리가 아들 자격을 받도록 하시려는 것이었습니다"(4.4-5). 부활하신 분(1.1)은 "우리 아버지 하느님의 뜻을 따라 우리를 이 악한 세대에서 건져내시려고 우리 죄를 위하여 당신 자신을 내주셨습니다"(1.4). 그분 안에서 우리는 진정한 자유를 얻었고, 그 자유를 잃는 것은 우리를 다시 노예로 만드는 것이다(2.4-5: 참조 4.7.9). "그리스도께서는 우리를 위해 저주가 되시어 우리를 율법의 저주에서 구속하셨습니다"(3.13).

그리스도가 주신 자유는 지상 예루살렘과 그 자녀들이 매여 있는 종살이와 대조된다(4.21-31). 우리의 충만하고 결정적인 해방은 그분 덕분이다(5.1.13). 모든 사람은 그 자유를 얻을 수 있지만 예수의 인격과 업적에 밀접하게 연결됨으로써만 얻을 수 있다. "내게는 우리 주님 예수 그리스도의 십자가말고는 아무것도 자랑할 것이 없습니다. 그리스도의 십자가로 말미암아 나는 세상에 대해 못박혔고 세상도 나에 대해 못박혔습니다"(6,14).

2) 신앙을 통한 의화

그리스도께 의지하여 그의 죽음과 삶의 경험에 참여하는 것은 "믿음"이라는 용어를 통해 표현된다. "사는 이는 더 이상 내가 아니라 그리스도께서 내 안에 살고 계십니다. 내가 지금 육신 안에 살아가는 것은 나를 사랑하고 나를 위해 당신 자신을 넘겨주신 하느님 아드님께 향한 믿음으로 살아가는 것입니다"(2,20). 신앙은 업적이나 지성적 동의가 아니라 그리스도 안에서 실현된 하느님의 구원적 주도권에 근본적으로 열려 있는 것이라고 정의할 수 있다.

신앙을 통해 사람은 "의화"를 얻는다. 유대교 풍습에 대한 분쟁의 자극을 받아 바울로는 이 개념을 다음과 같이 정의한다. "우리는 사람이 율법의 행실로써가 아니라 오직 예수 그리스도께 향한 믿음을 통해 의롭게 된다는 것을 알고 있습니다. 그래서 우리는 그리스도 예수를 믿게 되었는데, 그것은 율법의 행실로써가 아니라 그리스도께 대한 믿음을 통해 의롭게 되기 위해서입니다. 누구도 율법의 행실로써는 의롭게 될 수 없기 때문입니다"(2,16). 성서 언어에서 의화는 사람으로 하여금 의로움을 얻게 하는, 즉 의로운 사람, 하느님의 친구가 되게 하는 재판을 의미한다. 신앙을 통해 그리스도께 의지함을 통해서만 그는 죄에서 해방되고 하느님과의 친교에 들어간다. 그리스도의 생명에 참여하는 것이기에 신앙은 필연적으로 사랑을 만들어낸다. "사랑으로 행동하는 믿음이 중요합니다"(5,6).

그리스도께서 행하신 업적은 이렇게 충만하고 효과적인 것이기에, 그분의 업적과 비슷하게라도 필적할 만한 어떤 현실도 있을 수 없는 것이다. 율법은 이제 그 의무를 다하였다. 그리스도를 받아들이면 율법을 완전히 포기하게 된다. 이점에 대해서 사도는 이보다 더 격렬할 수 없을 정도로 표현한다. "누구도 율법의 행실로써는 의롭게 될 수 없기 때문입니다"(2.16). "사실 나는 이미 율법으로 말미암아 율법에 대해 죽었습니다. 그것은 내가 하느님을 위해 살기 위한 것입니다"(2.19). "사실 사람이 율법을 통해 의로워진다면 그리스도께서는 결국 헛되이 돌아가신 셈입니다"(2.21). "여러분이 만일 할례를 받는다면 그리스도는 여러분에게 아무 소용이 없을 것입니다"(5.2). "여러분 중에 율법으로 의롭게 되려고 하는 사람은 누구나 그리스도와 인연을 끊은 것이며 은총으로부터 떨어져 나간 것입니다"(5.4). 결정적으로 그리스도를 선포하면서 동시에 율법의 준수를 요구하는 것은 "그리스도의 복음을 왜곡"(1.7)하는 것이다.

실제로 율법은 하느님 계획에 부정적인 역할을 하였다. 율법은 "약속된 후손이 오실 때까지 사람들의 범법 때문에 곁들여진 것이요, 천사들을 통해 한 중개자의 손을 거쳐 제정된 것"(3.19)이다. 따라서 율법은 오직 간접적으로만 하느님께로부터 온 것이며, 구원을 가져오기 위한 것이 아니라 죄를 늘리기 위한 것이었다. 결과적으로 율법이 존재하던 시기는 약속을 준 시점과 그 실현 사이의 중간시기이다. 이것은 율법이 그 본성상 생명을 줄 수 없다는 사실에 기인한다(3.21). 바울로는 여기에서 율법이란 진정한 믿음의 행동과 상관없이 인간이 하느님의 마음에 들기 위해 오직 자신의 힘만으로 지키기를 요구하는 일련의 규정들일 뿐이라고 생각하고 있음이 분명하다.

이렇게 이해된 율법은 "그리스도께서 오실 때까지 우리의 감시자였는데, 이는 우리가 믿음으로 의롭게 되기 위해서"였다(3.24). "감시자"는 엄한 규율을 가지고 어린아이를 선생으로서 지도하는 노예였다. 율법은 인간을 지킬 수 없는 규정들의 노예로 만들어서 그로 하여금 그리스도에 의해 구원되어야 할 필요성을 느끼게 하였다. 사랑의 규정 안에 있는 "그리스도의 율법"은 전혀 다른 경우이다(5.13-14). 이 율법은 성령이 함께하고 인도하기 때문에 충만히 그리고 아무 어려움 없이 준수될 수 있고(6.2 참조), 오직 성령에 따라 걸어가는 사람들만이 준수할 수 있는 것이다(5.18-23).

율법에 반대하는 바울로의 논쟁은 따라서 분명히 그리스도론적 특징을 지니고 있다. 그는 인류의 구원을 위해 행해진 그리스도의 업적을 축소시킬 수 있는 위험을 피하고 싶은 것이다. 특별히 이교에서 개종한 그리스도인들에게 할례와 율법을 채택하는 것은 하느님이 기뻐하시는 이야기 상대가 되기 위해서 그리스도만으로 충분치 않다는 것을 의미할 수 있었다. 그러나 그것은 그리스도를 거부하게 만들고 그의 십자가를 쓸모없는 것으로 만드는 것이다.

3) 믿는 이들 마음속에서 활동하시는 성령

그리스도의 구원업적은 성령을 통해 실현된다. 갈라디아인들은 율법을 지키는 행실을 통해서가 아니라 "믿음에 귀기울임"으로써 성령을 받은 것이다(3,2-3). 특별한 표징이 동반된 그분의 도래는 그들의 삶에 깊이 각인되었다(3,4-5). 그들이 하느님을 아버지로 경험했다면, 그것은 성령의 덕분이다. "과연 여러분은 아들들입니다. 그렇기 때문에 하느님께서 당신 아드님의 영을 우리 마음 안에 보내셨으며 그 영은 '아빠 아버지!'라고 외치고 계십니다"(4,6). 마지막으로 믿는 이들에게 육의 욕정과는 반대되는 영감을 주면서 하느님을 향한 여정에서 그들을 인도하시는 분이 바로 성령이다(5,16-26).

믿음을 통한 의화는 하느님께서 교회를 모으시는 수단인데, 그 교회 안에는 하느님의 이스라엘(6,16), 즉 종말론적 시대에 뽑힌 백성이 존재한다. 그것이 그 자녀들을 해방 안에 태어나게 하는 천상 예루살렘이며, 율법의 실천이 아니라 신앙과 사랑의 삶으로 표현되는 공동체이다. 교회는 보편적인데, 그것은 모든 사람에게 열려 있기 때문만이 아니라 모든 사람이 그리스도께 의지함으로써 그 안에서 자신들의 일치를 발견하기 때문이다. "이제는 유대인도 그리스인도 없고 종도 자유인도 없으며 남자도 여자도 없습니다. 여러분 모두가 그리스도 예수 안에서 하나이기 때문입니다"(3,28). 시민사회에 대해 교회는 하나의 대안이며, 그 안에는 인류를 갈라놓는 모든 신분, 성별, 계급, 문화의 장벽이 무너져서 깊은 형제적 친교를 경험할 수 있게 해준다. 교회에 의지하는 것은 역사, 사회, 문화에 속하는 요인들의 결과가 아니라 오직 믿음에서 나온 결단의 결과이다. 따라서 모든 사람들은 자신의 문화적 환경이 지닌 가치있는 것과 좋은 것을 포기해야 할 필요 없이 하느님의 자녀가 될 수 있는 것이다.

본문과 주해

갈라디아인들에게 보낸 편지

인사[1]

1 1 사람들에 의해서도 아니고 어떤 사람을 통 갈라 1,11-12;
사도 20,24
해서도 아니며[2] 오직 예수 그리스도와 그분을
죽은 이들 가운데서 일으키신 하느님 아버지로 말미
암아[3] 사도[4]가 된 나 바울로와 2 나와 함께 있는 모

1 1-5절은 바울로의 편지 양식에서 "서두 인사" 부분에 해당된다. 바울로는 여기에서도 고대 편지 양식에 바탕을 둔 자신의 고유한 편지 양식을 따르고 있다. 이 서두 인사에는 발신인(바울로와 그와 함께 있는 모든 형제), 수신인(갈라디아의 여러 교회), 문안 인사(은총과 평화에 대한 기원이 덧붙여진)의 세 요소가 포함되어 있으며, 각 요소에는 신학적 의미를 지닌 여러 수식어가 붙어 있다. 각주 참조.

2 바울로는 자기 사도직의 기원이 교회 같은 인간 공동체(복수)에서 위임받은 것이 아니며, 어떤 사람(단수)의 중개로 받은 것도 아님을 역설한다. 어떤 사람이란 아마도 바울로를 예루살렘 교회(사도 9,27)와 안티오키아 교회에 소개한(사도 11,25-26) 바르나바를 지칭하는 듯하다.

3 바울로는 복음을 선교하는 자신의 사명이 직접적으로 하느님으로부터 온 것임을 강조한다. 바울로는 부활하신 그리스도와의 만남을 통해 사도직을 위임받았는데, 여기에서 그리스도의 부활을 하느님의 행위로 돌림으로써 그 사도직의 궁극적인 원천이 그리스도를 부활시키신 하느님께 있음을 가리키고 있다.

4 "아포스톨로스"*ἀπόστολος*(사도)는 70인역이나 비성서적 희랍어에서는 드물게

> 든 형제들이[5] 갈라디아의 여러 교회들[6]에. 3 하느님
> 우리 아버지와 주님 예수 그리스도로부터 은총과 평
> 화[7]가 여러분에게. 4 그리스도께서는 우리 아버지 하
> 느님의 뜻을 따라 우리를 이 악한 세대[8]에서 건져내
> 시려고 우리 죄를 위하여 당신 자신을 내주셨습니
> 다.[9] 5 그분께 영광이 영원히 있나이다. 아멘.

로마 1,7:
필립 1,2:
필레 3

1요한 5,19

갈라 2,20:
1디모 2,6:
디도 2,14

나타나는 용어로서, 당시 유대적 관습의 영향을 받아 "어떤 특별한 임무
를 수행하도록 모든 권력을 위임받아 보내진 대리인"을 의미한다.

다른 편지들의 서두 인사에서 바울로는 흔히 자신을 "그리스도 예수의
사도"로 표현한다(1고린 1,1: 2고린 1,1: 에페 1,1: 골로 1,1: 1디모 1,1: 2디모 1,1: 디도 1,1).
그렇지만 갈라디아서에서 바울로는 "그리스도 예수의"라는 속격 대신 주의
깊게 첨가된 수식어를 사용하여, 자신의 사도직이 인간에게서 연유한 것이
아니라 신적 기원을 지닌 것임을 강조하고 있다. 이것을 주장하는 바울로
의 일차적 목적이 자신의 복음이 참되다는 것을 주장하기 위한 것이지 자
신의 사도직을 변호하기 위한 것이 아니라 할지라도 이미 갈라디아 공동체
안에서 바울로의 사도적 권위가 문제가 되었음을 암시하고 있다.

5   바울로는 다른 편지들에서와 마찬가지로 여기에서도 발신인의 목록에 자
신의 동료들을 포함시키고 있다. 그들이 바울로가 갈라디아서를 썼던 교회
공동체의 신자들을 지칭하는지 혹은 갈라디아인들에게 알려진 선교사들을
지칭하는지는 분명치 않다. 여기에서는 동료들의 이름을 나열하고 있지는
않지만 바울로가 공동 발신인의 대변인으로 편지를 보내는 것(1데살 1,1: 2데살
1,1: 1고린 1,1: 2고린 1,1: 필립 1,1: 골로 1,1 참조)은 자기 서간의 권위와 중요성을 강
조하기 위한 것이다. 특히 "모든 형제들"이라는 표현을 통해 자신과 의견
을 같이하는 한 집단의 대변인으로서 쓰고자 했음을 보여준다.

6 바울로는 갈라디아인들에게 개별적으로보다 공동체 단위로 서신을 보낸다는 것을 뜻한다. 편지의 수신인에 대해서는 해제 참조.

7 은총과 평화는 바울로의 독특한 문안 인사 양식으로서 메시아적 축복에 참여함을 의미하며, 둘 다 하느님과 그리스도 안에 그 기원을 두고 있다. "카리스"χάρις(은총)는 예수 그리스도를 통한 하느님의 구원행위 전체를 종합하여 표현하는 개념으로 사용되기도 하였다(2고린 8.9). "에이레네"εἰρήνη(평화)는 "온전함"을 뜻하는 히브리어 "샬롬"에서 온 것으로서 물질적·영적 번영과 안녕과 행복을 지칭하였고, 예언자들은 메시아 시대의 행복을 서술하기 위해 이 단어를 사용하였다.

8 당시 유대교 신학에서는 "현재의 세상"과 "미래의 세상"이 대치된다고 보았다. 바울로는 이 대조를 상기시키며 전자는 사탄에 의해 지배되는 것으로 보았다(2고린 4.4 참조). 그리스도는 자기 자신을 희생함으로써 이 두 세상을 합치시켰으며(1고린 10.11), "현재의 세상"으로부터 인간을 해방하였다.

9 여기에서 편지의 주제가 드러나고 있다. 바울로와 갈라디아 교회 사이의 견해 차이는 그리스도의 의미에 있었다. 바울로는 능동태 동사("내주셨다")와 재귀 대명사("당신 자신")를 사용하여 그리스도께서 스스로 우리의 죄를 위해 희생되셨음을 강조하고 있다. 또한 바울로는 하느님과 갈라디아인들과의 부자관계를 언급함으로써("우리 아버지 하느님의 뜻을 따라") 그리스도의 대속적 죽음을 통한 그들의 구원이 하느님의 구원의지에 의한 것이라고 가르쳤다. 이렇게 아버지의 뜻에 따른 그리스도의 구속행위와 이에 근거한 갈라디아인들의 자유는 이 서간의 주제이자 바울로가 선포한 복음의 핵심이다.

10 바울로 서간의 일반적 양식에 따르면 여기에는 감사의 내용이 올 자리이지만 갈라디아서에서는 갈라디아인들의 변덕스러움에 대한 놀라움과 충격으로 대치되고 있다. 서간을 작성하게 된 동기가 나타나며 본격적인 논쟁이 시작되는 부분이다.

경고 — 다른 복음이란 없다[10◁]

6 나는 여러분이 [그리스도의] 은총으로 여러분을 부르신 분[11]으로부터 다른 복음으로 그토록 빨리[12] 돌아선 것에 대해 놀라고 있습니다. 7 다른 복음[13]이라고 했지만 다른 복음이란 없습니다.[14] 다만 여러분을 혼란케 하면서 그리스도의 복음을 왜곡하기를 원하는[15] 몇몇이[16] 있을 뿐입니다. 8 우리 자신이나 하늘에서 온 천사[17]라도 우리가 여러분에게 전한 것과 다른 복음을 [여러분에게] 전한다면 저주[18]받을지어다! 9 우리가 전에도 말했던 것같이 이제 내가 다시 말하거니와, 누가 만일 여러분이 받은 것과 다른 복음을 여러분에게 전한다면[19] 그는 저주받을지어다!

사도 15,24
사도 15,1

1고린 16,22

11 바울로는 흔히 성부를 소명의 주체로 삼고 있기 때문에(갈라 1,15; 1고린 1,9; 로마 4,17; 8,30; 9,24) 성부를 지칭하는 것으로 보아야 한다. 그리스도를 가리키는 것으로 해석할 수도 있지만 개연성이 적다.

12 "(갈라디아인들의 회개 혹은 복음화로부터) 그토록 빨리"라고 해석해야 하지만, 이는 교회가 설립된 시점이 얼마 되지 않았다는 진술이라기보다는 자신이 전한 복음에 등돌리려는 갈라디아인들에 대한 바울로의 놀라움이 수사학적으로 표현되어 있는 것으로 보아야 한다.

13 원문에서 6절에는 "알로"$\acute{a}\lambda\lambda o$가, 여기에서는 "헤테론"$\acute{\epsilon}\tau\epsilon\rho o\nu$이 사용되었다. 보통 "알로스"$\acute{a}\lambda\lambda o s$는 "여러 개 중의 하나", 혹은 "같은 종류의 다른 것"을 의미하고 "헤테로스"$\acute{\epsilon}\tau\epsilon\rho o s$는 "둘 중의 하나" 혹은 "다른 종류"를 뜻하지만 여기에서는 특별한 의미의 차이를 두려고 한 것 같지는 않다.

14 복음은 그리스도로부터 나오는 "구원으로 인도하는 능력"(로마 1.16)이며, 그리스도는 갈라진 분이 아니기 때문에(1고린 1.13) 오직 하나의 복음만 있을 수밖에 없다(에페 4.5 참조). 따라서 "또 하나의 복음" 혹은 "다른 복음"이란 이미 복음이 아니기 때문에 존재할 수 없지만, 바울로의 적대자들은 자신들의 가르침도 역시 "복음"이라는 이름으로 가르쳤음을 암시한다.

15 "혼란시키는" 혹은 "원하는"이라는 현재형 분사는 희랍어 문법상 서간 당시에 일어나고 있었던 일이라기보다는 과거에서부터 지속적으로 계속되어 온 일임을 가리킨다. 또한 "그리스도의 복음"이란 그리스도가 복음의 내용이며 복음은 그분이 말씀하는 것임을 뜻한다.

16 바울로의 적대자들로서 갈라디아 교회에서 유대주의를 선동하는 자들. 그들의 정체에 대해서는 해제 참조.

17 바울로는 모세가 천사들로부터 율법을 받았다는 유대교 믿음을 염두에 두고 이야기하고 있다(2고린 11.4: 갈라 3.19-20 참조). 천사라 할지라도 다른 복음을 선포한다면 거기에 귀기울여서는 안 될 것이며, 그 천사마저 저주의 대상이 될 것이다.

18 "저주"$\dot{\alpha}\nu\dot{\alpha}\theta\epsilon\mu\alpha$ 혹은 $\dot{\alpha}\nu\dot{\alpha}\theta\eta\mu\alpha$라는 용어는 원래 "신전에 바쳐진 봉헌물"을 의미하였는데(루가 21.5), 후대에 특히 70인역의 영향으로(민수 21.3: 신명 7.26) "저주의 대상", "파멸을 위해 하느님의 진노에 넘겨진 것"을 지칭하기에 이르렀다. 바울로는 후자의 의미로 사용하고 있다.

19 8절과 9절에 두 번 저주가 선포되고 있다. 저주에 해당하는 조건("다른 복음을 전한다면")은 8절에서는 가정법을 사용하여 미래의 불확실한 사실로 묘사되지만, 9절에서는 직설법 조건문으로서 현재의 구체적인 상황으로 묘사되고 있다. 바울로는 이 서간을 쓰기 이전에 이미 복음을 왜곡하는 위험에 대해 경고했고, 이제 구체적인 상황에 닥쳐서 더욱 완곡하게 저주를 선포하고 있다.

10 사실 지금 내가 사람들 마음에 들려고 하겠습니까,[20] 아니면 하느님 마음에 들려고 하겠습니까? 혹은 내가 사람들을 기쁘게 하려고 애쓰는 줄 압니까? 만일 내가 아직도 사람들을 기쁘게 하려 한다면[21] 나는 그리스도의 종[22]이 아닙니다.

1데살 2,4

바울로가 사도로 부름받은 경위[23]

11 형제 여러분, 사실 나는 여러분에게 밝혀 두거니와,[24] 내가 전한 복음[25]은 사람에게서 비롯된 것이 아닙니다. 12 왜냐하면 나는 이 복음을 사람에게서 받거나 배운 것이 아니라 예수 그리스도의 계시를 통해 받았기 때문입니다.[26]

갈라 1,1

20 "사람들의 호감을 사려고" 혹은 "사람들의 인정을 받으려고"의 의미. 바울로는 개종자들을 많이 얻기 위해 율법을 완화시켰다는 적대자들의 암시적 비난을 수사학적으로 반박하고 있다(1데살 2,4; 2고린 5,11 참조).

21 "사람들을 기쁘게 하다"라는 문장은 그 자체로 부정적인 의미를 가지지는 않지만, 여기에서는 "하느님을 기쁘게 하는 것"과 양립할 수 없는 것으로서 부정적인 맥락으로 사용되고 있다. 따라서 이는 비위를 맞추고 환심을 사는 아첨꾼의 행위를 지칭한다. 바울로는 "아직도"라는 단어를 사용하여 한때 자신이 사람들을 기쁘게 하려고 노력했었음을 밝히고 있고, 그것은 아마도 바리사이적 열정으로 교회를 핍박했던 것을 지칭할 것이다(1,13).

22 바울로는 회개를 통해 모세의 율법인 "종살이의 멍에"(5,1)에서 벗어났으며, 이제는 그리스도의 종이 되어 그분께 복종할 준비가 되었다(로마 6,16-

20). 바울로는 자기 자신을 "종"이라고 부르고 있는데(필립 1,1; 로마 1,1), 이는 바울로가 사도직을 어떻게 이해하고 있었는지를 밝혀주는 하나의 단서가 된다. 즉, 사도로서 바울로의 자세는 종의 모든 의존 상태, 종의 충성심, 복종심 등을 포함하여 구약에 "하느님의 종"이라고 불리는 위대한 인물들의 자세와 상통하는 것이다(모세: 2열왕 18,12[70인역]; 여호수아: 판관 2,8; 아브라함: 시편 104,42).

23 1,11 - 2,21은 바울로의 자서전적인 서술로서 개인적인 변호에 해당하는 부분이다. 1,11-24는 바울로의 복음이 계시에서 연유한 것임을 밝히고 있다.

24 바울로는 이런 장엄한 도입부를 사용함으로써 다음에 올 내용이 뭔가 중요하고 인상적인 것임을 암시하며(1고린 15,1에서도 사용된 이 도입부는 그가 "받았고" "전해준" 교의적 단락을 이끌어내는 데 사용되고 있다), 독자들이 이미 그 내용을 듣고 잘 알고 있었지만 더 이상 받아들이지 않거나 잊어버리고 있음을 지적하고 있다.

25 바울로가 즐겨 "나/우리의 복음"이라고 말하는 것은 모든 사람이 구별 없이 그리스도께 대한 신앙을 통해 구원받을 수 있기 때문이다.

26 바울로는 자신의 복음이 그 기원 때문에 인간적인 것 이상임을 주장한다. 그래서 자신의 복음이 단순히 어떤 인간적 출처에서 나온 것도 아니요, 가르침을 통해 받은 것도 아니며, 오직 "예수 그리스도의 계시"를 통해 받았음을 강변한다. "예수 그리스도의 계시"에서 속격은 목적격이 될 수도 있고(그리스도를 계시하는 것이며 그 주체는 성부: 1,16), 주격이 될 수도 있다(그리스도께서 복음과 그 복음을 전파할 사명을 계시하는 것). 이는 바울로가 다마스커스로 가는 도중에 부활하신 그리스도를 만난 사건을 지칭한다(사도 9,1-22; 22,5-16; 26,12-20 참조). 이 사건은 바울로에게 그리스도가 어떤 분인지 그리고 그분이 인류에게 어떤 의미가 있는지를 밝혀준 사건이었다.

13 사실 여러분은 내가 유대교에 있을 때의 내 소행[27]에 대해 들었습니다. 나는 하느님의 교회[28]를 몹시 박해했으며 이를 아예 파괴해 버리려 했습니다. 14 유대교를 믿는 일에서는 내 동족 가운데에서 같은 또래의 많은 이들보다 훨씬 앞서가고 있었으며 조상들이 물려준 전통을 지키는 일에는 특별히 열심이었습니다. 15 그러나 나를 어머니 태중에서부터 가려내셔서[29] 당신 은총으로 부르신 분[하느님]께서 16 당신 아드님을 이방인들에게 전하도록 그분을 내 안에[30] 계시하시기로[31] 기꺼이 작정하셨을 때,[32] 나는 즉시 어떤 사람과도 상의하지 않았습니다.[33] 17 나보다 먼저 사도가 된 이들을 찾아 예루살렘으로 올라가지도 않았고,[34] 곧장 아라비아로 떠났다가 다마스쿠스로 돌아왔습니다.[35▷]

사도 8,3; 22,4-5; 26,9-11

사도 22,3

이사 49,1; 예레 1,5; 로마 1,1

갈라 2,7

사도 9,3-6; 22,6-10; 26,13-18

27 회개하기 전에 바울로는 바리사이로서(필립 3,5-6) 모세의 율법과 조상들의 전통에 반대되는 것을 열성적으로 배척하였다. 갈라디아인들은 이미 이 사실에 대해 들었고 바울로는 이를 상기시킴으로써 자신의 과거 삶의 방식이 그리스도의 복음과는 아무런 상관이 없었다는 것을 이야기하고 있다.

28 복음서들 안에서 "엑클레시아"*ἐκκλησία*(교회)라는 단어가 드물지만 바울로의 편지에서는 많이 발견된다. 70인역에서 이 용어는 히브리어 "카할"*qāhāl*을 번역한 단어인데, 이는 광야에서 방황하고 있는 이스라엘의 회중을 가리키는 말이었고, 특히 하느님 백성의 제의적 모임을 지칭하기도 하였다. 바울로에게 있어 "하느님의 교회"는 구약의 예배적 모임을 상징하는 예루살렘과 유대의 유대계 그리스도교 공동체를 지칭하지만, 동시에 그리스도

께 대한 신앙으로 하나가 된 유대인과 이방인들의 유대와 일치를 표현하고 있다.

29 "탄생부터" 혹은 "탄생 이전부터"를 뜻하는 70인역의 표현으로서, 구약의 예언자(예레 1,5)나 "야훼의 종"(이사 49,1)의 소명사화에 뿌리를 두고 있다.

30 인지나 이해를 뜻하는 동사와 함께 쓰이는 전치사 "엔"*ἐν*은 여격과 함께 단순히 간접 목적어를 지칭할 수 있으며 이 경우에는 단순히 "내게 (계시하시기로)"로 번역된다. 다르게는 "나를 통하여"로도 번역될 수 있겠지만 다음에 오는 문장 때문에 중복처럼 보인다. 또한 일반적인 해석으로 "내 안에"로 번역될 수 있으며 이때는 바울로에게 주어진 계시의 결과로 얻어진 내적 이해와 변화를 강조하는 의미가 된다.

31 바울로는 자신의 사도직을 그리스도의 계시와 연관시키고 있다. 하지만 그는 자신의 부르심이 이미 모태에서부터 시작되었다고 진술하고 있기 때문에 사도직 위임과 계시가 시간적으로 일치하지 않는다. 어쨌든 바울로는 자신의 회개 사건보다는 부르심의 역사에 대해 진술하는 데 초점을 맞추고 있다.

32 "기꺼이 작정하시다"라는 표현은 하느님께서 절대적 자유의지로써 바울로를 부르셨음을 강조한다.

33 "어떤 사람"을 직역하면 "살과 피"로서, 1고린 15,50에도 나오는 구약의 표현(집회 14,18; 17,31)이다. 이는 덧없는 혹은 약한 피조물로서의 "인간"을 뜻하는 표현이다. 바울로는 자신의 사도직 위임이 인간에게서 기인된 것이 아님을 강하게 강조하면서 그 설명으로써 다음에 나오는 연대기적이고 지정학적 사건을 서술한다.

34 바울로는 자신이 사도들 중에서 가장 "중요하지 않은" 사람이라는 것을 알고 있었지만, 그것이 "하급의 사도"라는 의미는 아니다. 오히려 바울로는 예루살렘에 있는 사도들의 소명과 권위를 충분히 인정하면서도 다른

> 18 그 다음 삼 년 후에[36] 나는 게파를 만나러[37] 예
> 루살렘에 올라가서 함께 보름을 묵었습니다. 19 그
> 러나 나는 사도들 중에는 다른 누구도 보지 못했고
> 다만 주님의 형제[38] 야고보만을 보았을 따름입니다.[39]
> 20 내가 지금 여러분에게 적고 있는 이것은 하느님
> 앞에 맹세코 거짓이 아닙니다.[40] 21 그 뒤에 나는 시
> 리아와 길리기아 지방으로 갔습니다.[41]▷ 22 그래서

사도 9,26

마태 13,55;
마르 6,3

사도 9,30

한편으로 자신을 그들과 동일한 차원에 놓고 있다. 바울로가 예루살렘으
로 올라가지 않았다고 하는 이유는 자기보다 먼저 사도가 된 이들에게 복
음을 받은 것이 아님을 입증하려는 것이다.

35 "아라비아"는 아마도 아레다 4세 필로파트리스Philopatris가 다스리던 나바
테아 왕국을 지칭할 것이다. 그곳은 요르단 서쪽, 다마스커스의 남동쪽에
위치하고 있으며 팔레스타인 남쪽에서 수에즈 운하 쪽으로 펼쳐져 있다.
바울로가 분명히 밝히고 있지는 않지만 그가 아라비아로 간 것은 아마도
선교 목적이었을 것이라고 가정해 볼 수 있다. 그러나 아라비아에서의 그
의 활동에 대해서는 알려진 바가 없으며, 사도행전에는 그가 아라비아에
갔다가 다마스커스로 돌아왔다는 이야기 자체가 빠져 있다.

36 바울로 사도의 연대기를 추정하는 데 중요한 진술이지만, 어느 시점부터
삼 년 후를 의미하는지는 분명치 않다. 가능성은 두 가지인데, 하나는
"부활하신 그리스도와의 만남"부터 삼 년이라는 것과 다른 하나는 "다마
스커스로 돌아온 뒤"부터 삼 년이다.

37 희랍어 부정법 "히스토레사이"ἱστορῆσαι의 의미에 대해서 논란이 있어 왔
다. 직역하면 "(어떤 사람이나 사물에 대해) 문의하다", "가서 (어떤 것에 대해) 조사하

다"라는 뜻이다. 고대 희랍과 라틴 주석가들은 이것을 "보다, 만나다"로 이해했으며, 그것을 "(사교적인 목적으로) 방문하다"로 해석하였다. 현대 학자들 중 일부는 바울로가 게파로부터 예수의 가르침과 직무에 대한 정보를 얻기 위해 방문했다고 주장한다. 하지만 이는 바울로가 자신의 복음이 사람에게서 기인한 것이 아님을 주장하는 맥락에 부합한다고 볼 수 없다. 다른 학자들은 전통적인 해석을 따라 게파를 개인적으로 알기 위한 목적의 첫 만남을 지칭한다고 주장한다.

38 고전 희랍어와 헬레니즘 희랍어에서 "형제"는 "피를 나눈 형제"를 의미한다. 하지만 70인역에서는 "친족"이라는 의미로 사용될 때도 같은 단어로 번역되고 있음을 볼 수 있다(창세 13,8: 29,12-15). 이집트의 희랍 파피루스에서도 이 단어는 "친척"이라는 넓은 의미를 갖고 있다. 여기에서도 "친척, 친족"이라는 의미에서 사용된 단어이다.

39 "나는 사도들 중에는 다른 누구도 보지 못했고 다만 주님의 형제 야고보만을 보았을 따름입니다"는 표현은 문법적으로 야고보를 사도들 중의 하나로 포함시킬 수도 있고, 사도들에서 제외시킬 수도 있다. 두 가지 다 가능한데, 전자의 경우는 바울로가 "사도"라는 명칭을 열두 사도에게뿐 아니라 폭넓게 사용하고 있다는 데 근거하며(1고린 15,5.7 참조), 후자의 경우에는 야고보의 특별한 위치를 강조한다고 하겠다. 어쨌든 그는 제베대오의 아들 야고보나, 열두 사도에 속하는 알패오의 아들 야고보(마르 3,17-18)와는 다른 사람이다. 바울로는 그를 "주님의 형제"라고 부르는데, 에우세비오에 의하면 그는 예루살렘의 첫번째 "주교"로 알려져 있다.

40 바울로는 자신의 복음이 인간에게서 기인한 것이 아니라 하느님께 받은 것이며 예루살렘의 사도로부터 받은 것이 아니라는 것을 맹세의 형식으로 진술한다. 이런 맹세를 하는 것은 아마도 갈라디아의 적대자들이 비난한 것을 염두에 두었기 때문일 것이다.

그리스도 안에 있는 유대의 교회들에게는 얼굴이 알려지지 않았습니다. 23 그들은 단지 "이전에 우리를 박해하던 자가 이제는 자신이 없애 버리려던 믿음을 전파하고 있다"는 말을 들었을 뿐이며 24 그래서 나를 두고 하느님을 찬양했습니다.

다른 사도들이 인정한 바울로

2 1 그 뒤 십사 년 만에[1] 나는 바르나바[2]와 함께 다시 예루살렘으로 올라갔는데, 디도[3]도 데려갔습니다. 2 나는 계시에 따라 올라갔습니다.[4] 그리고 나는 내가 이방인들에게 전하는 복음을 그들에게 설명하였으며, 저명한 인사들에게는 개별적으로 설명했습니다.[5] 내가 지금 달리고 있거나 이미 달려온 것이 헛되지 않도록 하려고 말입니다.[6] 3 그러나 나와 함께 있던 그리스인인 디도조차 할례를 받으라고 강요당하지 않았습니다.[7▷] 4 그런데 문제

사도 15,2

41　"시리아와 길리기아"는 바울로의 고향인 다르소를 포함하는 것일 텐데, 바울로는 여기에서 몇 년간 머물렀으며, 선교활동을 펼쳤을 수도 있다. 어쨌든 그는 유대 교회들에게 그리스도인으로 알려지지 않았었다.

1　14년의 기간이 어느 시점부터 계산되어야 하는지는 여전히 열려 있는 문제로 남아 있다. 가능성은 두 가지인데, 하나는 "바울로의 회개 시점부터"이고 다른 하나는 "바울로의 첫번째 예루살렘 방문부터"이다.

　　어쨌든 여기에 나오는 바울로의 예루살렘 방문과 사도행전 자료(15장)와의 상호 관계는 신약에서 가장 어려운 주석학적 문제 중 하나이다. 갈라

2장과 사도 15장(적어도 1-12절)이 동일한 사건에 대해 전해주고 있다는 인상을 받을 수 있지만, 분명한 차이점을 부인할 수 없기 때문이다(일례로, 바울로는 사도 15,23-29에 나오는 사도회의의 결정에 대해 침묵하고 있다).

2 사도 4,36에 의하면 그는 키프로스 태생의 레위인으로서 이름은 요셉이고, 사도들은 그를 바르나바(격려의 아들)로 불렀다. 사도 13,1은 그를 안티오키아의 예언자 혹은 교사로 소개하고 있으며, 첫번째 선교여행 동안 바울로의 동료였다.

3 이방계 그리스도인으로서 세번째 선교여행에서 바울로의 동료였다. 그는 바울로와 고린토 공동체의 관계를 화해시키는 데 기여한 사람이다(2고린 2,13: 7,6.13-14: 8,6.16.23: 12,18).

4 바울로는 여기에서 어떤 종류의 계시를 받았는지는 밝히고 있지 않다. 다마스커스의 계시와는 무관한 것으로 보이지만, 어쨌든 예루살렘 사도들의 소집을 받은 것은 아님을 보여준다. 참고로 사도 15,2에 의하면 예루살렘 방문의 계기는 안티오키아 공동체의 결정이었다.

5 바울로는 여기에서 두 가지 사건을 이야기하고 있는 듯하다. 하나는 그가 예루살렘 공동체 앞에 공개적으로 나섰던 것과 다른 하나는 예루살렘 공동체의 지도자들과 개별적으로 만났던 것을 지칭한다. "저명한 인사"란 "기둥들"인 야고보, 게파, 요한을 지칭하는데(2,9 참조), 표현 자체는 긍정적으로나 부정적으로(경멸적이거나 반어적으로) 사용될 수 있다. 긍정적인 의미라면 바울로는 모교회와 그 지도자들의 권위를 인정했음을 의미하고, 부정적인 의미라면 자기보다 먼저 사도가 된 이들을 얕보고 있음을 의미한다. 여기에서는 긍정적인 의미로 보는 것이 자연스럽다.

6 "달리다"는 표현은 성서적 언어가 아니라 그리스 세계의 육상 경기에서 가져온 것으로서, 바울로는 자신의 복음선포와 선교활동을 서술하기 위해 사용하고 있다.

는 몰래 들어온 거짓 형제들[8] 때문에 생겼습니다. 그들은 우리가 예수 그리스도 안에서 누리는 자유[9]를 노리기 위해 잠입해 들어와서는 우리를 종으로 만들려던 자들[10]이었습니다. 5 그러나 우리는 복음의 진리[11]가 여러분에게 머물도록 하기 위해 그들에게 한 순간도 양보하지 않았습니다.[12] 6 그러나 저명해 보이는 사람들[13]로부터는[14] — 그들이 과거에 어떤 사람들이었든간에 내게는 중요하지 않습니다. 하느님은 사람을 편애하지 않으십니다[15] — 그 저명한 인사들은 사실 내게 아무것도 요구하지 않았습니다.[16]

사도 15,1.24: 갈라 1,7

갈라 5,1.13

신명 10,17

7 이방계 그리스도인인 디도가 예루살렘에서 할례받도록 강요당하지 않았다는 사실은 예루살렘 공동체와 그 지도자들이 바울로의 복음을 인정했음을 암시한다.

8 이들은 바리사이파 출신으로서 이방인들이 할례를 받고 율법 규정들을 지켜야 한다고 주장하던 사도 15,5의 유대계 그리스도인들과 비슷하다. "몰래 숨어 들어온"이라는 표현은 그들이 정식으로 초청받은 것이 아니라 자신의 본래 목적을 숨기고 부당한 방법으로 모임에 참여했음을 암시한다.

9 뒤에 더 분명하게 드러나겠지만 이 자유는 그리스도께서 주신 율법과 할례 규정으로부터의 자유를 의미한다(5,1.13). "그리스도 안에서"라는 표현은 그리스도를 "통해서" 자유를 얻었다는 의미가 될 수도 있고, 우리 존재가 그리스도와 결합되었기 때문에 그리스도 "안에서" 자유를 누린다는 장소적 의미가 될 수도 있다.

10 침입자들의 의도는 단순히 바울로와 개종한 이방인들을 자신들의 지도하

에 두려는 것일 뿐 아니라 모세 율법의 지배하에 두려는 것이었다. 그러나 뒤에 나오지만 바울로는 이것을 "세상의 원소들 아래 종살이"(4.3)하는 것으로 되돌아가는 것이며, "후견인과 관리인 아래"(4.2) 있는 생활로 돌아가는 것으로 보았다.

11 "복음의 진리"는 신약에서 여기와 2.14에만 나오는 특수한 표현으로서 "복음의 완전성" 혹은 "복음 안에 포함되어 있기 때문에 복음에 속한 진리"를 의미한다. 그 내면에는 유대주의자들이 옹호하는 거짓 복음(1.6-9 참조)에 대조되는 바울로의 복음이 "참된 복음"이라는 의미가 깔려 있다.

12 바울로는 예루살렘에서 양보하거나 타협하지 않았음을 자랑스럽게 생각하고 있으며, 그것은 자신이 이미 갈라디아인들에게 선포한 복음의 진리를 보호하기 위한 것이었음을 밝히고 있다. 바울로의 이런 결연한 자세는 선동가들에 의해 흔들리고 있는 갈라디아인들의 자세와 대조된다.

13 2.2의 "저명한 인사들"과 같은 맥락에서 사용하고 있다. 바울로는 그들이 갖는 권위를 인정하면서도 자신이 그 권위에 종속되어 있지는 않다는 것을 암시하고 있다. 이 표현도 "기둥들"인 야고보, 게파, 요한을 지칭한다.

14 주동사가 생략되어 있는 파격구문이다.

15 "그들이 과거에 어떤 사람들이었든간에"의 동사 시제는 미완료이고, "내게는 중요하지 않습니다"와 "편애하지 않으십니다"의 동사 시제는 현재이기 때문에 해석에 어려움이 있다. 이는 아마도 사도들이 과거에 누렸던 특권, 즉 예수의 인격과 직무에 대한 목격증인으로서의 특권에 대해 두려워하지 않는다는 표현인 듯하며, 현재 시제는 "격언적 현재", 즉 보편타당한 진리를 서술한 것으로 볼 수 있다.

16 예루살렘 교회의 지도자들이 아무것도 바울로에게 요구하거나 덧붙이지 않았다는 것은 그들이 거짓 형제들과 갈라디아의 유대주의자들의 반대에도 불구하고 바울로의 복음을 완전히 인정했다는 것을 의미한다.

> 7 오히려 그들은 베드로가 할례받은 이들을 위한 복
> 음을 위임받았듯이 나는 할례받지 않은 이들을 위한
> 복음을 위임받았다는 것을 인정했습니다.[17] 8 왜냐하
> 면 베드로를 할례받은 이들의 사도가 되도록 활동하
> 신 분께서 내게도 이방인들을 위해 활동하셨기 때문
> 입니다. 9 그리하여 기둥들[18] 같은 존재로 여겨지던
> 야고보와 게파와 요한[19]이 내게 베풀어진 은총을 알
> 아보고, 친교의 표시로 나와 바르나바에게 오른손을
> 내밀었습니다.[20] 그래서 우리는 이방인들에게 가고
> 그들은 할례받은 이들에게 가기로 했습니다.[21] 10 다
> 만, 우리는 함께 가난한 이들을[22] 기억하기로 했고
> 나는 그것을 실천하려고 노력했습니다.[23]

사도 9,15; 22,21

사도 11,29-30

17   이렇게 바울로는 베드로와 동등하게 인정받았고, 선교의 장은 그들에 의해 양분되었다(로마 15,17-21: 참조 사도 15,12). 이 분리는 민족적인 분리라기보다 지정학적 분리라고 보아야 하는데, 이방인의 사도로 불리는 바울로이지만 그는 보통 유대인들의 지역에서 복음화 운동을 시작했기 때문이다(사도 13,46: 17,1-8: 18,4 참조). 여기에서 "위임받았다"는 표현은 완료형 수동태로서, 바울로의 소명을 통해 하느님께서 복음을 위임하셨고 그것이 현재까지 유효하다는 것을 나타낸다.

18   유비적인 의미에서의 "기둥"이란 고대 세계에서 널리 사용되던 표현으로서, 초대 교회에서는 아브라함, 이사악, 야고보를 이스라엘과 전세계의 세 기둥으로 생각하는 랍비 문학에 근거하여 예루살렘 공동체의 세 지도자들을 선정한 데 기인하였을 것이다. 어쨌든 기둥이라는 개념은 메시아 시대에 세 지도적 인물들이 이끌어 가고 있는 종말론적 공동체로 보는 생각과 연결된다.

19 "저명한 인사들"(2.2), "저명해 보이는 사람들"(2.6)의 이름이 처음으로 밝혀지고 있다. 흥미로운 것은 야고보가 게파나 요한보다 먼저 언급된 점인데, 사도들 중에는 베드로가 우선권을 갖고 있었지만(1,18-19 참조), 행정이나 정책에 있어서는 예루살렘의 "주교"로 알려진 야고보의 영향력이 컸음을 보여준다.

20 예루살렘의 지도자들은 "친교의 악수"로써 바울로의 복음을 전적으로 인정하였다. 이 친교는 바울로와 바르나바가 그들의 동등한 상대로서 업무를 분담함으로써 가능하게 되었다.

21 각주 17 참조.

22 사도회의의 결과 위에 언급된 동의 외에 바울로에게 새롭게 부과된 것은 오직 하나였는데, 그것도 문제의 본질에 관련된 것이 아니라 "가난한 이들"을 기억하는 것이었다. "가난한 이들"이란 아마도 "예루살렘 성도들 중 가난한 이들"(로마 15.26)이었을 것이다. 이는 단순히 물질적인 어려움을 겪는 사람들이라는 의미일 뿐 아니라, 소위 "아나윔"이라고 불리는 경건한 유대인들을 지칭하는 표현이다.

23 가능한 또 다른 번역은 "그것은 내가 열렬히 하려 했던 바로 그 일입니다" 혹은 "그것은 내가 언제나 열렬히 했던 바로 그 일입니다". "(내가) 열렬히 하다"라는 동사의 시제가 부정과거이지만 어떤 시제로 이해해야 하는지, 그리고 앞 문장에서 1인칭 복수였던 주어가 1인칭 단수로 바뀐 이유가 무엇인지 문제가 되는 구절이다. 주어가 복수에서 단수로 변한 이유에 대한 설명은 예루살렘 사도회의와 이 편지를 쓰는 사이에 바르나바가 바울로와 헤어져 더 이상 모금운동에 참여하지 않았다고 추측해 볼 수 있다(사도 15.39). 하지만 또 다른 가능성은 바울로가 2,1-3.6-9a에서 바르나바와 함께 있었음에도 주어를 1인칭 단수로 쓴 것으로 보아 자신이 주도권을 행사하는 특별한 일에 대해 이야기하고 있는 것으로 볼 수도 있다.

> **바울로가 안티오키아에서 베드로를 꾸짖다**[24]
>
> 11 그런데 게파가 안티오키아[25]에 왔을 때[26] 나는 그에게 정면으로 맞섰습니다. 그가 잘못을 저질렀기 때문입니다.[27] 12 사실[28] 그는 야고보가 보낸 몇 사람[29]이 오기 전에는 이방인들과 더불어 음식을 먹곤 했습니다.[30] 그런데 그들이 오자, 할례 출신의 사람들[31]을 무서워한 나머지 자리를 피해[32] 교제를 끊기 시작했습니다. 13 그러자 다른 유대인들도[33] 그를 따라 거짓으로 행동했고 마침내는 바르나바조차 그들의 위선에 동참했습니다.[34] 14 그들이 복음의
>
> 사도 11,3

또한 동사의 시제에 있어서는 바울로가 그때부터 일을 시작한다기보다는 이미 해왔던 일을 지칭한다고 볼 수 있다(사도 11,30).

24 예루살렘의 지도자들이 바울로의 복음을 승인했으며, 이방계와 유대계 배경을 지닌 안티오키아 교회에서는 그것이 유일한 해답임이 증명되었다.

25 예루살렘 밖에서 그리스도인들이 가장 큰 공동체를 이루고 있었던 곳이 안티오키아였다. 사도행전에 의하면 유대계 그리스도인들이 예루살렘의 박해를 피해 안티오키아로 와서 그리스도의 복음을 먼저 유대인들에게 그 다음 이방인들에게 선포했다. 바울로도 이곳을 선교여행의 기지로 삼았던 것이다.

26 아마도 바울로와 게파는 예루살렘 사도회의의 결정 이후에 잠시 안티오키아에 들렀을 것이다.

27 직역하면 "그는 단죄된 상태에 있었기 때문입니다". 베드로의 처신에 대한 바울로의 판결은 매우 준엄하다. "단죄된 상태에 있다"는 동사는 수동태로서 단죄하신 분은 하느님이심을 나타내기 때문이다.

28 베드로가 왜 하느님 앞에 단죄된 상태인지에 대한 이유를 이끌어내는 접
속사이다.

29 이들이 2.4의 "거짓 형제"들일 가능성은 거의 없다. 지금 문제가 되고 있
는 것은 예루살렘에서 해결된 할례(2.3-9: 참조 사도 15.1-12)와는 분명히 구분되
는 음식에 관련된 유대교 율법에 관한 것이기 때문이다. 음식에 관한 규
정은 사도회의에 상정되지도 해결되지도 않았었다.

30 유대인들의 음식규정에 의하면 유대인들은 이방인들과 회식을 해서는 안
되는데, 그것은 이방인들의 음식이 부정하다고 여겼기 때문이다(에제 4.13:
호세 9.3-4). 유대인들은 그 음식을 우상에게 바친 것(출애 34.15: 1고린 10.28-29)
이나 부정한 짐승의 고기(레위 11.1-30: 신명 14.3-21) 혹은 목졸라 죽인 짐승의
고기와 피(사도 15.20.29)나 그밖에 율법규정에 저촉되는 방법으로 요리한 것
(출애 23.19)이라고 간주했었다. 게파는 이방인들이 주민의 대다수인 안티오
키아에서는 그들의 생활양식을 존중하였다. "함께 먹다"라는 동사의 시제
가 미완료이므로 게파가 한 번만이 아니라 거듭 습관적으로 이방인들과
식사를 했음을 암시한다.

31 "할례 출신의 사람들"$\tau o \grave{v} s \ \acute{\epsilon} \kappa \ \pi \epsilon \rho \iota \tau o \mu \hat{\eta} s$이라는 표현은 "유대교에서 개종한
사람들", 아니면 단순히 "할례받은 사람들"이나 "유대인들"을 지칭할 수
있다. 문맥상으로는 단순히 "유대인들"로 보는 것이 더 낫다.

32 베드로는 이방계 그리스도인들과 식탁에 함께하기를 거절했으며, 여전히
율법을 준수하는 유대계 그리스도인들만이 진정한 그리스도인들이라는 인
상을 준다.

33 안티오키아의 유대계 그리스도인들을 지칭함.

34 게파의 위선적 처신은 나머지 유대계 그리스도인들과 바르나바에게 음식
규정을 지켜야 한다고 강요하는 힘을 가진다. 바울로는 그것을 언행의 모
순이며 정치적 타협으로 보았기 때문에 공개적으로 게파를 비난하였다.

> 진리[35]에 따라 바른 길을 걷지 않고 있음을 보고, 나
> 는 모든 사람 앞에서 게파에게 말했습니다. "당신은
> 유대인이면서도 유대인답게 살지 않고 이방인처럼
> 처신하면서[36] 어떻게 이방인들에게 유대인처럼 살라
> 고 강요할 수 있단 말입니까?"[37]
>
> **유대인들도 이방인들처럼 믿음으로 구원받는다**[38]
> 　15 우리는 태생이[39] 유대인들이며 이방인 출신 죄
> 인들이 아닙니다.[40] 16 〔그러나〕 우리는 사람이 율법
> 의 행실[41]로써가 아니라 오직 예수 그리스도께 향한
> 믿음[42]을 통해 의롭게 된다[43]는 것을 알고 있습니다.

35　"우리가 예수 그리스도 안에서 누리는 자유"(2,4)는 단순히 할례 규정뿐 아
　　니라 음식에 대한 유대교 율법에 대해서도 해당된다. 바울로가 게파와 그
　　의 동조자들을 비난하는 이유는 그들이 이 진리에 따라 일관되게 처신하
　　지 않았기 때문이다.

36　각주 30 참조.

37　게파의 행동이 이미 바르나바와 다른 사람들을 잘못 인도하였기 때문에,
　　그것이 이방계 그리스도인들에게도 마찬가지로 악영향을 줄 수 있었다. 그
　　래서 바울로는 이런 비난을 하지만, 그 비난이 실제로, 역사적으로 효과가
　　있었던가는 다른 문제이다. 바울로는 여기에서 자신의 복음에 대한 유효성
　　과 논리를 확립하기 위해 게파에 대한 반대를 적고 있을 뿐이다. 이 음식
　　문제는 게파와 바울로가 떠난 뒤에 다시 제기되었고 안티오키아 교회는 야
　　고보에게서 지침을 받기 위해 예루살렘에 사람을 보낸다(사도 15,13-33).

38　바울로는 2,15-21에 자신의 복음에 대해 설명하고 있다. 이는 신앙과 유

대교의 규정들에 대한 가르침의 요약으로서, 안티오키아에서 게파에게 한 연설에 대한 재확인이다.

39 "태생이"는 직역하면 "본성상" 혹은 "자연적 조건상"(로마 2.27 참조)이 된다.

40 "유대인의 신분"은 출생에서부터 이미 결정되는데, 이것은 "이방인 출신 죄인"과 대조된다. "이방인 출신 죄인들"은 아마도 유대인들이 이방인들을 지칭하는 구어적 표현이었을 것이다. 이방인들은 모세의 율법을 준수하지 못할 뿐 아니라 그것을 소유하지도 못했기 때문에 "율법이 없는 자들", "죄인들"로 취급받았던 것이다. 반면에 유대인들은 이방인들과는 달리 하느님의 선택을 받아 율법을 지니고 있으므로 이방인들에 비해 우월한 위치에 있다고 자부하였다(로마 2.17 이하; 3.2)

41 "율법의 행실"이란 표현은 모세 율법에 규정된 행위들을 말한다(3.2.5.10; 로마 2.15; 3.20.27.28)

42 직역하면 "그리스도의 믿음"으로서, 이는 목적격적 속격으로서 "그리스도께 향한 혹은 대한 믿음"으로 번역된다(로마 3.20.28). 바울로에게 있어 "신앙"이란 그리스도를 통해 나타난 하느님의 계시를 사람이 받아들이고 자신의 생애를 하느님께 온전히 봉헌함으로써 그 계시에 응답하는 자세이다. 일부 학자들은 "그리스도의 믿음"을 주격적 속격으로 이해하고 "그리스도의 성실함 혹은 진실함faithfulness"으로 번역하기도 하지만 개연성이 적다.

43 "의로움"$\delta\iota\kappa\alpha\iota o\sigma\acute{v}\nu\eta$이란 하느님과 인간 혹은 인간 사이의 관계를 나타내는 구약의 이미지이다. 그러나 이 개념은 주로 재판상의 관계를 나타내는 재판용어로 사용되었다. "의인"은 따라서 재판관의 법정에서 무죄로 선고되거나 혐의가 없는 것으로 입증된 사람을 일반적으로 지칭하게 되었다. 그렇지만 여기에서 사용되는 "디카이오오"$\delta\iota\kappa\alpha\iota\acute{o}\omega$(의롭게 하다)라는 동사는 그 형태상 사역적인 의미를 갖는 동사($o\omega$로 끝나는 동사)에 해당된다. 그래서 단순히 법정에서 무죄 선언을 받는 것뿐 아니라 실제적인 의미에서 "의로운 사

그래서 우리는 그리스도 예수를 믿게 되었는데,[44] 그 것은 율법의 행실로써가 아니라 그리스도께 대한 믿음을 통해 의롭게 되기 위해서입니다. 누구도 율법의 행실로써는 의롭게 될 수 없기 때문입니다.[45] 17 그런데 우리가 그리스도 안에서[46] 의롭게 되려고 애쓰면서도 우리 자신은 계속 죄인으로 남아 있다면,[47] 그리스도께서 결국 죄의 종이란 말입니까?[48] 절대 그럴 수 없습니다![49] 18 내가 만약 허물어 버린 것을 다시 세운다면[50] 나는 나 자신이 범법자임을 입증하는 셈입니다.[51] 19 사실 나는 이미 율법으로 말미암아 율법에 대해 죽었습니다.[52] 그것은 내가 하느님을 위해

사도 15,10.11;
로마 3,20.28;
4,5; 11,6;
에페 2,8;
갈라 3,11

로마 7,6

람을 만들다" 혹은 "의로운 사람이 되게 하다"는 의미를 가질 수도 있다.

44 바울로는 자신과 베드로가 회개의 순간에 공유했던 확신을 상기시키고 있는데, 이는 유대인이 율법의 행실을 통해 의화를 얻을 수 없음을 완벽하게 깨달은 것을 지칭한다.

45 여기에는 시편 143,2가 암시적으로 인용되어 있다("살아 있는 누구도 당신 면전에서 의로울 수 없기 때문이니이다"). 바울로는 "당신 면전에서"를 생략함으로써 법정적인 뉘앙스를 약화시키고 "율법의 행실로써는"이라는 결정적인 문장을 첨가시키고 있다.

46 "그리스도 안에서"ἐν Χριστῷ라는 표현은 보통 그리스도와의 일치를 지칭하는 바울로의 문장형식으로 보이지만(이 경우에 전치사 ἐν은 장소적 용법) 여기에서는 "율법의 행실로써"라는 문장과 대구를 이루고 있기 때문에 "그리스도를 통하여"로 보는 것이 더 낫다(이 경우에 전치사 ἐν은 도구적 용법).

47 만일 유대계 그리스도인들이 죄인들이 아니라면 이방계 그리스도인들도 역시 마찬가지이다. 왜냐하면 그들도 "그리스도를 통해" 의롭게 되기를 구하기 때문이다. 그리스도를 믿음으로써 구원을 얻는다는 것은 모든 이들에게 적용되는 것이다. 그러므로 이방계 그리스도인들이 비록 할례를 받지 않았고 율법 계약에 참여하지 않았다 할지라도 "이방인 출신 죄인들"(2.15)과는 다른 것이다. 그럼에도 불구하고 그리스도인들이 이방인들처럼 죄인으로 남아 있다면 그리스도가 죄의 시종이라는 비현실적인 결론에 도달한다.

48 이 문장을 이끄는 접속사 "아라"ắρα는 연역적 용법으로 추론적 주장을 이끌 수 있는데 이 경우에는 "그래서 그리스도께서 …"라고 번역된다. 그러나 다음에 나오는 "절대 그럴 수 없습니다!"라는 외침 때문에 의문사로 보는 것이 더 낫다. 이 외침은 수사학적 의문문 다음에 사용되는 강한 부정이다.

49 각주 48 참조.

50 바울로는 율법의 행위를 포기하는 것을 "허물어 버린다"는 상징으로 표현하고 있다. 바울로는 믿음이 의로움의 기원이며 토대라는 것을 믿고 율법의 행위를 포기하였다. 그러나 그가 다시 율법의 지배하에 들어간다면 자신을 범법자로 확증하는 것이다.

51 범법자가 된다는 것을 두 가지로 생각해 볼 수 있다. 우선 바울로가 다시 율법의 유효성을 주장한다면 과거에 율법을 포기한 것과 율법의 유효성을 포기한 것은 율법에 대한 범법행위였음을 받아들인다는 의미이다. 그러나 그보다 더 나은 해석은, 율법은 행위들을 규정하는 것이라고 다시 받아들이면서, 율법을 다 지키지 못하는 생활에 자신을 맡기겠다는 것이다(로마 7.21 이하: 4.15). 위의 어떤 경우에든지 그리스도가 아니라 유대주의자들이 죄의 시종이라는 것이 분명히 드러난다.

52 바울로의 용어 중에 "…에 대해 죽다"는 표현은 "…와 더 이상 관계를 맺지 않다"는 것을 의미하며(참조 로마 6.2.10-11: 7.2-6), 반대로 "…을 위해 산

> 살기 위한 것입니다. 나는 그리스도와 함께 십자가에 못박혔습니다.[53] 20 그러나 사는 이는 더 이상 내가 아니라 그리스도께서 내 안에 살고 계십니다.[54] 내가 지금 육신[55] 안에 살아가는 것은 나를 사랑하고 나를 위해 당신 자신을 넘겨주신 하느님 아드님[56]께 향한 믿음으로 살아가는 것입니다. 21 내가 하느님의 은총[57]을 쓸모없는 것이 되게 할 수는 없습니다. 사실 사람이 율법을 통해 의로워진다면 그리스도께서는 결국 헛되이 돌아가신 셈입니다.[58]

요한 13,1;
17,23;
1요한 3,16
갈라 1,4;
1디모 2,6;
디도 2,14

다"는 표현은 그 대상과 인격적이고 자발적인 관계를 맺음을 의미한다. 이 구절을 이해하기 위한 열쇠는 그리스도께서 "죄의 종"이 아니라는 것을 인정하는 데 있다. 왜냐하면 그리스도인은 그리스도와 함께 십자가에 못박혔으며 지금은 하느님을 위해 살기 때문이다. 하느님을 위해 산다는 것은 틀림없이 죄가 아니다. 그러나 그리스도인의 이런 조건은 그리스도와 함께 십자가에 못박히는 것을 통해 가능하다. 십자가에 못박힘으로써 그는 율법에 죽은 것이다(로마 6,11). 바울로는 그리스도인의 이런 단계가 "율법으로 말미암아" 이루어진다고 말한다. 그것은 그리스도의 십자가 사건이 있었기에 그리스도인이 그 죽음에 동참할 수 있는 것이지만, 율법 때문이라고도 할 수 있다. 모세의 율법과 그 율법이 만들어낸 정신은 그리스도 십자가 사건의 책임자이기 때문이며(3,13 참조) 간접적으로는 그리스도인이 율법에서 해방되는 것에도 책임이 있다.

53 "함께 십자가에 못박히다"라는 동사는 완료시제의 수동태로서 과거에 일어난 사건의 결과가 현재까지 지속됨을 의미한다. 즉, 그리스도의 죽음이 바울로의 인격 안에 현실화되고 있는 것이다. 그리스도인은 신앙과 세례

를 통해 그리스도의 수난, 죽음 그리고 부활에 참여하고(로마 6,3 이하), 그럼으로써 하느님을 위해 살 수 있는 것이다.

54 "그리스도와 함께 십자가에 못박힘"은 "율법에 대한 죽음"(2,19 참조)을 뜻할 뿐만 아니라 "나에 대한 죽음"도 뜻한다. 그 "나"는 정욕과 사욕을 가진 죄 많은 육신(5,24)에 속하며, 그런 까닭에 "세상"에 속하는 것이다. "그리스도께서 내 안에 산다"는 것은 "내가 신앙 안에 산다"는 표현과는 다른 것이다. 그것은 그리스도의 죽음과 부활에 참여한 결과로써 얻게 되는 신앙인들의 새로운 구속적 지위를 나타내며, 이제 그리스도께서 그들 생활의 주체가 되신다. "산다"라는 동사가 현재형인 것은 그것이 갑작스럽게 혹은 일회적으로 일어난 사건이 아니라 지속적으로 유지되는 상태임을 나타낸다.

55 여기에서 "육신"은 죄스러운 실존(로마 8,8-9)이라기보다는 연약하고 죄의 유혹을 받으며 고통과 죽음으로 운명지어진 연약한 인간조건을 뜻한다(2고린 10,2-3).

56 "하느님 아드님"이라는 칭호를 통해 바울로는 그리스도의 자헌과 사랑의 위대함을 강조하고 있다. 지극히 높으신 분의 아드님이 나를 위해 당신의 생명을 바치셨다는 것이다.

57 "하느님의 은총"은 그리스도 안에서의 구원의 전 과정을 지칭한다. 아마도 바울로의 적대자들이 바울로가 즐겨 사용하던 "은총"이라는 단어를 사용하여, 율법과 상관없는 그의 은총에 대한 교리는 하느님께서 이스라엘에게 베푸신 은총을 부정하는 것이라고 비난했을 수 있다. 바울로는 이 비난을 반박하고 있다.

58 그리스도의 죽음은 율법으로써 구원을 추구하던 옛 시대에 종지부를 찍고 십자가의 은총에 의한 구원의 새 시대를 연 구원사건이다. 그럼에도 불구하고 율법을 실천함으로써 의화를 추구하는 것은 그분의 죽음을 맹목적이고 쓸데없는 것으로 만드는 것이다.

율법인가 믿음인가?[1]

3 1 아, 어리석은 갈라디아 사람들![2] 예수 그리스도께서 십자가에 못박히신 모습으로[3] 여러분의 눈앞에 그려져 있는데[4] 도대체 누가 여러분을 호렸습니까?[5] 2 이것만은 내가 여러분에게 알고 싶습니다.[6] 여러분은 율법을 실천함으로써 영을 받았습니까, 아니면 믿음에 귀기울임으로써 영을 받았습니까?[7] 3 여러분은 그토록 어리석습니까?[8] 영으로 시작한 여러분이 이제 육으로 끝마칠 셈입니까?[9]

1 3,1 - 4,31은 교의적인 주제를 다루고 있는 부분으로서 바울로는 여기에서 자신이 2,15-21까지 선언했던 주제, 즉 사람은 율법이 아니라 신앙에 의해 구원된다는 주제를 증명하고 있다. 다섯 개의 수사학적 질문으로 구성된 3,1-5는 그 첫째 증명으로서 바울로는 갈라디아인들의 성령경험에 호소하고 있다.

2 1,11부터 시작해서 바울로는 처음으로 편지의 수신인을 이름으로 부르고 있다. 그가 그들을 "형제들" 혹은 "사랑하는 이들"이 아니라 "갈라디아인들"이라고 부르는 것은 거리감을 느끼게 하는 비난조의 표현이다. "어리석은"이라는 표현은 "지능이 모자라는", "미련한"이라는 의미를 지니고 있지만 심하게 모욕적인 말은 아니다. 바울로는 이 말로써 실망과 당혹감을 표현하고 있다.

3 "십자가에 못박히신"이라는 분사의 위치(1절의 맨 끝)는 강조형이며, 완료시제인 것은 골고타에서 이루어진 행위의 결과가 현재까지 계속됨을 의미한다. 즉, 그리스도의 십자가는 지나간 시간 속에 유폐된 사건이 아니라 바울로의 선포를 통해 시간상의 거리를 넘어서 구원의 힘을 행사한다.

4   마치 모세가 사막에서 동으로 된 뱀을 보여주었듯이 바울로는 십자가에 달리신 그리스도가 지금 갈라디아인들 눈앞에 나타나 계신 것처럼 실감나게 선포하고 있다.

5   "호리다"βασκαίνω라는 동사는 신약에서 여기에만 나타나는데, 희랍세계에서는 플라톤 이후로 흔히 쓰인 용법이다. 그러나 갈라디아인들이 실제로 어떤 마술에 걸려 미혹되었다고 보기보다는, 당시에 적대자들과 그들의 전술을 지칭하기 위해 일반적으로 사용된 수사학적 표현으로 보아야 하며, "호리다", "마음을 혼란시키다"라는 의미로 알아들어야 한다.

6   바울로는 갈라디아인들의 회개경험에 호소하고 있는데, 만약 그들이 바울로의 복음선포를 받아들여서 하느님의 성령을 받았다면 더 이상의 논쟁은 필요없을 것이기 때문이다. 바울로는 그것을 자신이 말하기보다는 그들에게서 직접 듣고 싶어했기 때문에 평범한 대화체를 사용하고 있다.

7   직역하면 "여러분은 영을 율법의 행실로써 혹은 믿음의 들음으로써 받았습니까?" 성령의 선물을 받는 것은 하느님 호의의 가장 확실한 증거이며 영원한 구속의 명백한 보증이다. 따라서 바울로는 그 성령의 선물이 어떤 토대, 어떤 기원에서 온 것인지를 묻고 있다. "율법의 행실"은 "믿음의 들음"과 대조되고 있는데, 영의 체험은 율법을 지키는 인간적 성취에 기인하는 것이 아니라 하느님의 말씀을 믿고 따름으로써 받는 무상의 선물이다.

8   바울로는 3,1에 이어 다시 독자들을 질책하고 있다. 형태상으로 의문문이긴 하지만 대답을 기대하는 것은 아니다.

9   "영"과 "육", "시작하다"와 "끝마치다"가 대조를 이루고 있다. "영"이 "믿음의 들음"과 연결되듯이 "육"도 "율법의 행위"와 연결되는 것 같다. 율법으로 다시 돌아가는 것은 곧 육적인 생활로 돌아가는 것임을 암시한다. "육"에 대한 또 다른 해석은 할례, 즉 육체에 행해진 표지라고 보는 것이

> 4 여러분은 그렇게 많은 것을 헛되이 체험했습니까?[10] 정말 헛일이었습니까?[11] 5 여러분에게 영을 베풀고 여러분 가운데에 기적을 행하는 분[12]이 그렇게 하시는 것은 여러분이 율법을 실천하기 때문입니까, 아니면 믿음에 귀기울이기 때문입니까?
>
> **아브라함의 믿음과 축복의 약속**[13]
>
> 6 그렇게 아브라함도 하느님을 믿었고 그래서 의로움을 인정받았습니다.[14] 7 그러므로 여러분은 믿음으로 사는 사람들이야말로 아브라함의 자손이라는 것을 알아두시오.[15] 8 성서는 하느님께서 믿음에 근

창세 12,3

다. 성령은 그들이 그리스도인으로 살 수 있도록 하는 힘이었음에도 불구하고 육체의 표지 때문에 그 선물을 포기할 수 있느냐는 냉소적인 질문이다. 어쨌든 여기에서 바울로가 갈라디아인들에게 깨우쳐 주고자 하는 것은 그리스도교적 삶은 오직 성령의 활동에 의지함으로써 시작되고 유지되며 절정에 달한다는 것이다.

10 "그렇게 많은 것"이란 영의 체험과 이에 결부된 기적적 체험을 가리킨다 (3.2.3.5). "체험하다" $\pi \acute{\alpha} \sigma \chi \omega$ 라는 동사는 "고통받다"라는 뜻으로 주로 부정적인 의미로 사용되지만, 여기에서는 그렇게 볼 필요는 없다.

11 생략 구문으로서 번역에 어려움이 있다. 직역하면 "정말 허사였다면"이지만 이것을 "정말 헛일이었습니까?"로 이해한다면 갈라디아인들이 새로운 유혹에 넘어가지 않기를 바라는 바울로의 희망을 표현하는 것이고, "그렇다면, 그것은 참으로 헛되었다"라고 이해한다면 바울로가 갈라디아인들에게 느낀 슬픔을 표현하는 것이 된다.

12 여기에서 기적과 영을 베푸시는 분은 하느님이시다(1데살 4,8; 갈라 4,6; 1고린 12,6; 2고린 1,22). 기적들은 성령과 함께 주어지는 것으로 묘사되어 있는데, 다른 곳에서 기적들은 성령께로부터 오는 것이다(1고린 12,11; 로마 15,19).

13 바울로는 여기에서 자신의 주장을 입증하기 위한 성서적 논증을 펼치고 있다. 아브라함의 주제는 아마도 바울로가 유대인들의 압력을 받으며 이방인들과 이방계 그리스도인들 사이에서 선교활동을 하면서 가끔 사용하던 신학적 주제를 정리한 것일 수 있다. 그의 첫째 논의의 주제는 신앙의 백성은 실제로 아브라함의 자녀들이며 하느님께서 그에게 하신 약속의 상속인이라는 것이다. 아브라함은 "행위들" 때문이 아니라 "신앙" 때문에 하느님 보시기에 올바른 사람이었다. 바울로는 여기에서 아브라함이 야훼를 믿기 전에는 죄인이었다가 나중에 어떤 법적 효능으로써 올바른 사람으로 간주되었다고 암시하지는 않는다. 다만 아브라함의 의로운 상태가 신앙의 결과라고 주장할 뿐이다(로마 4,3 참조).

14 창세 15,6의 암시적인 인용이다. 바울로는 갈라디아인들이 자신들의 경험을 통해 알게 된 것들이(1-5절의 내용) 성서가 아브라함에 대해 이야기하고 있는 것과 동일한 것임을 주장한다. 뿐만 아니라 아브라함은 특별히 믿을 수 있는 예가 된다. 아브라함은 이스라엘의 선조로서, 구속사의 시초에 서 있는 사람이다. 하느님께서는 그와 계약을 맺으셨고, 성서는 하느님께서 그의 믿음을 보시고 의로운 사람으로 인정하셨다고 전한다. 여기에서 믿음이란 하느님께서 그에게 약속하신 약속에 대한 믿음을 지칭한다. 창세 15,6에서는 "행위들"과 대조되는 믿음의 시각은 보이지 않는다.

15 7절은 6절의 결론이지만, 그다지 논리적이지 못하다. 아브라함의 예를 든 다음에 갈라디아인들도 "율법의 행위들"이 아니라 "믿음"을 통해 의화되었다는 결론을 내리는 것이 자연스러울 텐데 갑자기 아브라함의 자녀 신분에 대해 이야기하는 것은 아마도 적대자들과의 논쟁을 염두에 둔 것 같다. 아마도 그들은 할례나 율법의 행위들을 통해 아브라함의 자녀가 된다

> 거하여 이방인들을 의롭게 하시리라는 것을 예견했
> 고[16] "모든 이방인이 네 안에서 축복을 받으리라"[17]는   창세 12,3
> 기쁜 소식을 아브라함에게 예고했습니다. 9 이와같
> 이 믿음으로 사는 이들은[18] 믿음의 사람 아브라함과
> 함께 복을 받습니다.[19] 10 사실 율법의 실천에 의존   로마 4,16
> 하는 이들은 모두 저주 아래 있습니다.[20] 왜냐하면
> "율법 책에 씌어 있는 모든 것을 실천하는 데 한결
> 같지 않은 자는 누구나 저주받는다"[21]고 씌어 있기   신명 27,26
> 때문입니다. 11 그래서 누구도 율법으로는 하느님
> 앞에 의롭게 되지 못한다는 것은 분명합니다. 왜냐   로마 3,20
>   갈라 2,16
> 하면 "의인은 믿음으로 살 것"이기 때문입니다.[22]   하바 2,4

고 주장했을 것이다. 바울로는 그들의 용어를 자신의 목적에 맞도록 사용
하여 이를 반박하는데, 할례나 율법의 행위가 아니라 믿음으로 아브라함
의 자녀가 된다고 주장한다.

16　성서가 "예견했다" 그리고 "예고했다"는 것은 유대교에서 흔히 사용되는
　　성서의 의인화로서, 그 기원이 하느님께 있음을 암시한다. 바울로는 이
　　의인화를 사용하여 신앙을 통한 의로움도 인류 구원을 위한 하느님 계획
　　의 일부분임을 일깨우고 있다.

17　창세 18,18 혹은 창세 12,3을 암시한다. 창세기에서 야훼의 약속은 풍
　　요로운 자손과 가나안의 소유에 관련된 것이었다. 본문에 대한 유대교의
　　일반적 이해를 생각해서 바울로는 "축복을 받으리라"는 동사를 수동태로
　　쓰고 있는데, 이는 하느님께서 모든 복의 기원이심을 암시한다. 당시에
　　이방인들도 야훼를 섬기고 할례를 받으면 아브라함에게 약속된 축복에
　　참여할 수 있었다. 그러나 바울로는 논제를 바꿔서 그리스도인들이 신앙

을 통해 아브라함의 자손이 되었기 때문에 그의 축복에 참여한다고 주장하고 있다.

18 유대교에서 아브라함에게 즐겨 붙이는 수식어 "충실한" 혹은 "신앙 깊은" πιστός이란 단어를 바울로는 임의대로 사용하고 있다. 아브라함처럼 "믿는" 사람들은 그의 자녀들이며 그래서 그에게 약속된 축복에 참여한다는 것이다.

19 바울로는 3,8-9에서 모든 이방인들이 아브라함 안에서 복을 받는다는 말과 그들이 믿음을 통해 의롭게 된다는 것을 동일시하고 있다. 창세기 12,3에서 약속된 복은 본래 물질적 번영을 뜻했다. 그러나 바울로는 아브라함도 하느님을 믿었고 그래서 의로움을 인정받았다는 창세 15,6에 착안하여 하느님의 물질적 축복을 "의화"로 해석하였다. 하느님은 그의 경우와 같은 방법으로 믿음을 통해 모든 이방인들과도 의로운 관계를 맺으심으로써 그에게 내리신 복을 이방인들에게도 베푸신다는 것이다.

20 바울로에게 있어 율법은 아브라함의 축복을 전달해주지 못한다. 율법은 오히려 그 아래 있는 사람들에게 그것을 문자 그대로 지키도록 강요함으로써 저주를 내린다. 이 의무는 인간의 내면에 부과되어 있으며, 사람들은 어디에서도 그것을 완수할 수 있는 도움을 받지 못한다(로마 8,3 참조). 바울로는 율법을 지키지 않는 사람들에게 저주가 내린다는 구약의 본문을 인용하면서 구약도 진실된 생명은 신앙으로부터 온다고 가르치고 있음을 보여주고 있다.

21 바울로는 신명 27,26을 인용하고 있는데, 그 본래의 의미는 율법의 행위를 지키지 않는 자들은 저주받는다는 것이다. 그러나 바울로는 역설적으로 이 구절을 통해 율법의 행위를 추구하는 자들을 저주로 위협하고 있다.

22 바울로는 율법의 준수와 의화 사이에 아무런 관계가 없음을 논증하기 위해 하바 2,4("의인은 나의 믿음으로 살리라"〔70인역〕)를 인용하고 있다. 이 구절은 구약에서 구원을 얻기 위해 신앙이 필요하다는 것을 진술하는 몇 안 되는

> 12 그러나 율법은 믿음에서 비롯된 것이 아닙니
> 다. 오히려 "그것들을 실천한 사람은 그것들을 통해   레위 18,5
> 살 것입니다".²³ 13 그리스도께서는 우리를 위해 저   2고린 5,21
> 주가 되시어 우리를 율법의 저주에서 구속하셨습니   로마 8,3
> 다. 사실 "나무 위에 매달린 자는 누구나 저주받은   갈라 4,5
> 자"라고 씌어 있기 때문입니다.²⁴ 14 그것은 아브라   신명 21,23
> 함의 축복이 그리스도 예수 안에서 이방인들에게까
> 지 이르게 하기 위함이고, 우리가 믿음을 통해 영의
> 약속을 받게 되기 위한 것입니다.²⁵

구절 중 하나이다. 또한 본래 구절에서는 신앙도 율법의 행실들이 아니라 악인들의 교만과 자만심에 대조되는 것이다. 바울로는 하바 2,4의 "믿음" 을 그리스도교 신앙을 지칭하는 의미로 사용하면서 올바른 사람을 위한 생명은 신앙에서 오는 것이지 율법 준수에서 오는 것이 아님을 논증하고 있다.

23 율법의 원칙은 그 규정에 대한 제반적인 준수이다. 바울로는 여기에서 레 위 18,5(_{누구든지 그것을 실천하면 살리라})를 인용하고 있다. 비록 레위기의 본문 은 율법을 준수하는 자에게 생명이 주어질 것이라고 가르치고 다른 문맥 에서 바울로도 그것을 인정하는 것처럼 보일지라도(로마 2,13) 여기에서 그 의 의도는 "그것들을 통하여"라는 구절에 집중되어 있다. 바울로는 율법 의 행위들이 신앙과 아무런 관계가 없음을 주장하고 있다. 이렇게 바울로 가 율법 준행이 생명을 준다고 한 레위기의 본문을 그 반대되는 뜻으로 인용한 것은 이상한데, 아마 바울로는 이 본문을 그리스도께 대한 믿음에 비추어 해석한 것 같다.

24 "그리스도께서 저주가 되셨다"는 표현은 "저주를 받았다"는 표현보다 훨

씬 강하다. 바울로는 "저주"의 의미를 임의대로 적용함으로써 한 의미에서 다른 의미로 옮겨가고 있다. 즉, 율법의 규정을 준수하지 않는 사람들에게 내려진 "저주"(신명 27.26)에서 나무에 달린 사람에게 내려진 율법에서의 특별한 "저주"(바울로는 여기에서 신명 21.23을 인용하고 있다)로 옮겨가고 있다. 후자는 범죄를 예방하기 위해 죽임을 당한 후 전시된 시신에 대한 저주였다(여호 10.26-27: 2사무 4.12). 그 시신은 하느님의 저주를 받은 것으로서 이스라엘 땅을 더럽히는 것이었다. 그래서 십자가형이 자주 사용되는 형벌이 되었던 로마시대에도 구약의 이 규정은 그대로 적용되었다. 초대교회에서는 십자가형을 나무에 "매달리는 것"으로 생각했고(사도 10.39), 바울로가 그리스도께서 "저주"가 되어 십자가에 달렸다고 이야기하는 이면에도 이러한 사상이 깔려 있다. 바울로는 신명 21.23을 인용하면서 "하느님에 의해서(저주받은)"를 생략함으로써 그리스도께서 성부께 저주를 받았다는 암시를 분명하게 제거하고 있다. 이 절은 2.19와 연계해서 이해해야 한다. 즉, 그리스도는 "율법을 통하여" 십자가에 달리신 것이다. 또한 그리스도는 우리를 위하여, 우리 때문에, 우리 대신에 저주가 되었다. 그것은 우리가 받을 저주를 대신한 그리스도의 사랑의 행위이다(갈라 2.19-20). 이렇게 율법의 저주로 처형된 그리스도는 부활함으로써 율법의 저주 자체, 죄의 힘 자체를 파괴하셨다.

25 바울로는 율법의 저주를 받으신 그리스도의 대속적 죽음이 갖는 두 가지 목적을 이 구절에서 명시하고 있다. 그것은 아브라함의 복이 이방인들에게 이르도록 하는 것과 영의 약속을 받게 하는 것이다. 하지만 이 두 문장은 같은 것을 서로 다르게 표현한 것이다. 즉, 성령의 선물이 여기에서 아브라함에게 약속된 축복의 내용이 되고 있는 것이다. "영의 약속"은 "약속된 영"을 지칭하는 표현이다. 근본적으로 믿음은 성령 활동의 열매이며, 동시에 하느님께서 그리스도에 의해 구원된 이들에게 영의 선물을 주시는 방법이며 길인 것이다.

> **율법과 약속**[26]
>
> 15 형제 여러분,[27] 인간의 관례를 들어 말해 봅시다.[28] 한 사람의 유언[29]조차도 일단 합법적으로 이루어진 것이면 아무도 그것을 무효로 만들거나 거기에 무엇을 보탤 수 없는 법입니다.[30] 16 그런데 아브라함과 그 후손[31]에게 약속의 말씀들이 주어졌습니다.[32] 그러나 그 약속이 마치 여러 사람에게 연관되는 것처럼 "후손들에게"라고 말씀하신 것이 아니라 한 분에게 관련지어 "네 후손에게"라고 하셨는데, 그분은 곧 그리스도이십니다. 17 그러니까 내가 말하고자 하는 것은 이것입니다. 하느님께서 이미 합법적으로 이루신 유언을[33] 그보다 사백삼십 년[34]이나 뒤늦게
>
> 창세 12,7; 13,15; 17,7; 24,7
>
> 출애 12,40

26 여기에서 바울로는 구원사적 관점에서 논리를 전개하고 있다. 주요 내용은 하느님께서 처음에 아브라함에게 약속을 주셨으며, 나중에야 시나이 산에서 율법을 주셨다. 따라서 약속의 성취가 율법 준수에 달려 있다고 할 수 없다는 것이다.

27 3,1에서 갈라디아인들을 "아, 어리석은 갈라디아 사람들!"이라고 불렀던 것과는 달리 바울로는 그들을 "형제들"이라고 지칭함으로써 긴장을 완화시키고 있다.

28 직역하면 "나는 인간으로서 이야기합니다". 그러나 문맥상 인간의 일상생활에서 예를 든다는 것을 의미한다.

29 헬레니즘적 배경에서 "디아테케"$_{\delta\iota\alpha\theta\acute{\eta}\kappa\eta}$는 "마지막 유언과 증언"을 의미하였다. 하지만 70인역에서는 하느님과의 계약을 뜻하는 히브리어 "베리트"

*bĕrît*를 번역하기 위해 사용되었다. "조약, 협약"을 의미하는 "쉰테케"*συν-θήκη*라는 단어를 사용하지 않은 이유는 하느님과의 계약은 두 당사자들의 협약적인 성격을 갖는 것이 아니라 일방적인 성격을 띠기 때문이다. 사실 계약 안에는 예속 조약에서처럼 이스라엘이 복종하기를 원하시는 하느님께서 주신 규정들이 들어 있다.

30 유언을 무효화시키거나 첨가할 수 있는 사람은 오직 유언자 자신뿐이며, 취소장이나 보충서가 필요하였다. 다른 어떤 사람도 이를 할 수 없는데, 더더구나 약속과 계약 안에서 드러났던 하느님의 뜻은 율법에 의해 변경될 수 없다. 율법은 나중에 온 것이고 천사들에 의해 제정된 것이기 때문이다(3.19). 바울로는 처음에는 헬레니즘적 배경에서의 "디아테케"*δια-θήκη*(유언, 증언)를 이야기하다가 점차 70인역의 의미(하느님과의 계약)로 넘어가고 있다.

31 직역하면 "그의 씨". 히브리어에서는 "제라"*zera'*라는 명사의 단수형을 사용하여 인간의 "자손들"을 지칭하였다. 그러나 복수형은 같은 의미로 사용되지 않았다. 반면 희랍어에서는 "씨"라는 명사의 복수형 "스페르마타"*σπέρματα*가 "자손들"이라는 의미로 사용되었다. 바울로는 그 차이점에 착안하여 창세 15.18; 17.7-8; 22.16-18에 나오는 "네 후손"(단수형)이 집합명사가 아니라 개별적 인물, 즉 역사적 그리스도라고 해석하고 있다.

32 "주어지다"는 신학적 수동태로서 주어는 "하느님"이다.

33 직역하면 "전에 하느님에 의해 제정된 계약을". 동사 "프로퀴로오"*προκυ-ρόω*(과거에 제정하다 혹은 설립하다)는 여기에서 완료시제 수동태 분사 형태로 사용되었으며 이는 모두 신학적 수동태로서 하느님께서 과거에 제정하신 계약이 후대에도 계속 유효함을 의미한다.

34 이 기간은 이스라엘 백성이 이집트에서 머문 기간을 의미한다. 70인역에도 이 기간 동안 이스라엘 백성이 이집트와 가나안에 머문 것으로 나온

생겨난 율법이 무효로 만들어서 그 약속을 소멸시
킬 수는 없다는 것입니다.[35] 18 만일 상속이 율법에
근거한다면[36] 그것은 약속에 근거하는 것도 아닙니
다. 그러나 하느님께서는 아브라함에게 약속을 통
하여 은혜를 베푸셨습니다.

로마 4,14; 11,6

　19 그렇다면 율법은 무엇을 위한 것입니까?[37] 약속
된 후손이 오실 때까지[38] 사람들의 범법 때문에[39] 곁들
여진 것이요,[40] 천사들을 통해 한 중개자[41]의 손을 거
쳐 제정된 것입니다.[42] 20 그러나 이 중개자는 한쪽만
의 중개자가 아니지만[43]▷ 하느님은 한 분이십니다.

로마 5,20

사도 7,38.53; 히브 2,2

다. 그러나 사실 이 계산은 200년 정도 틀린 것이지만(출애 3,24) 바울로의
주장에 아무런 영향을 주지 않는다. 아브라함에게 주어진 일방적인 계약
은 모세의 율법에 부과된 후대의 의무규정들 때문에 바뀌지 않는다. 이렇
게 계약의 약속들은 "율법의 행위들"을 실천하는 것에 달려 있다는 유대
주의자들의 주장이 거부되고 있다.

35 하느님이 아브라함에게 아무런 의무도 부과하지 않고 약속하신 복은 의무
　　를 부과하고 책임을 추궁하는 율법보다 우선적인 선물이며, 따라서 율법
　　은 하느님이 아브라함과 맺으신 계약을 취소하거나 거기에 아무것도 덧붙
　　일 수 없다.

36 만일 약속의 상속이 율법에 근거한다면 그것은 더 이상 약속이 아니라 쌍
　　무적인 계약이 될 것이다. "상속"을 뜻하는 "클레로노미아"$\kappa\lambda\eta\rho o\nu o\mu i\alpha$라는
　　단어는 70인역에서 가나안 땅의 상속을 지칭하는 특별한 용어였다. 그러
　　나 여기에서는 아브라함에게 약속된 축복들을 지칭한다.

37 이 문장은 "그렇다면 율법은 무엇 때문입니까?" 혹은 "그렇다면 율법은 무슨 의미입니까?"로도 번역될 수 있다. "그렇다면"이란 말은 이전에 나온 내용과 연결시키는 역할을 하는데, 그것은 바울로가 3,1-18에서 율법의 역할이 아무것도 없다고 말하는 것처럼 느껴지기 때문이다.

38 바울로는 율법이 하느님께서 사용하신 임시 방편임을 주장한다(3,24-25).

39 고대의 몇몇 주석가들은 이 구절을 "범법을 줄이기 위하여"로 해석하려고 시도하였다. 그러나 율법은 범죄를 막기 위한 것이지 법적 규정의 위반을 막기 위한 것이 아니다. 율법규정을 위반한다는 것은 율법이 나온 다음에야 가능하기 때문이다(참조 로마 4,15; 5,13.14.20; 7,7-13). 바울로는 율법이 상속과는 무관하다는 문맥에서 율법의 부정적 기능, 즉 사람들을 하느님 앞에 의롭게 만들기보다 범법자임을 자각하게 하는 기능을 강조한다.

40 "곁들여지다"라는 동사가 사용된 것은 율법이 인간을 위한 하느님의 구원 사업에 있어서 본질적인 것이 아님을 암시한다.

41 많은 주석학자들은 이 "중개자"가 모세를 지칭한다고 보았다. 율법이 사백삼십 년 후에 왔다(3,17)는 말도 이 해석을 뒷받침한다. 이스라엘 백성들은 하느님의 말씀을 직접 들으면 죽을 것이기 때문에 모세에게 중개역할을 해줄 것을 간청했다(출애 20,18-21). 모세는 주님과 그들 중간에 서서 하느님께 십계명과 다른 율법의 규정들을 받아 이스라엘에게 전해주었다. 그러나 다른 학자들은 다음에 나오는 "이 중개자가 한쪽만의 중개자가 아니"라는 구절 때문에 중개자가 모세라는 견해를 받아들이지 않는다. 각주 43 참조.

42 당시 유대인들의 신앙에 의하면 하느님께서 직접 모세에게 율법을 주신 것이 아니라 천사가 주었다(신명 33,23; 사도 7,53; 히브 2,2). 따라서 율법은 잠정적인 것이었을 뿐 아니라 하느님께서 직접 주신 약속과 비교할 때, 그 공표 방법에 있어서도 열등하다는 것이 드러난다.

종들과 자녀들

21 그렇다면 율법이 〔하느님의〕 약속들과는 반대된다는 말입니까?[44] 절대 그럴 수 없습니다! 만일 생명을 주는 능력이 있는 율법이 주어졌다면 의로움은 율법에서 나왔을 것입니다.[45] 22 그러나 성서[46]는 모든 것[47]을 죄 아래 가둬두었는데, 그것은 예수 그리스도께 대한 믿음을 근거로 하여 믿는 이들에게 약속이 주어지기 위함이었습니다.[48]

23 믿음이 오기 전에 우리[49]는 율법 아래 갇혀 믿음이 계시되기까지[50▷] 감시를 받아 왔습니다. 24 그

로마 8,2-4

로마 3,11-19; 11,32

갈라 4,3

43 이것이 아마도 해석에 가장 논란이 되고 있는 어려운 구절일 것이다. 바울로는 여기에서 율법을 부정적으로 보는 중개에 대해 이야기하고 있다. 즉, 중개자가 있다는 것은 하느님의 유일성에 대치되는 다수임을 암시한다. 그러나 이 다수를 어떻게 보아야 하는지가 문제가 된다. 아주 다양한 이론들이 제기되었지만 가장 가능성있는 해석은 세 가지이다. ① "하나가 아닌"이란 표현에 나타난 다수는 중개된 계약의 두 당사자를 표현한다. 즉, 한편에 하느님, 다른 한편에 유대 백성이다. ② 복수는 "다수의 사람들"을 의미하는데 이때 사람들이란 개인들이 아니라 그룹들을 의미한다. 한 그룹이 다른 그룹과 계약을 맺기 어려우므로 중개자가 필요하다. 이 경우에 계약의 당사자들은 천사들과 유대 백성이 되며 계약은 각 그룹의 중개자들 사이에 이루어진다. ③ 중개자의 개념 자체가 복수를 암시하며 (다수이기 때문에 중개자가 필요하다는 의미에서), 하느님의 유일성과 대치된다. 이는 중개자가 개입된 계약은 하느님께서 직접 주신 계약보다 열등하다는 것을 지칭한다.

44 바울로는 3,15-18까지 모세의 율법과 아브라함의 약속의 차이점에 관해
서 논하고, 3,19-20에서는 율법이 하느님의 직접적 구속활동에 비해 열등
하다는 점을 이야기한 다음, 그 논리적 결과로서 율법이 약속과 반대되는
입장인지를 묻고 있다.

45 이 구절은 바울로가 앞에 보여준 강한 부정에 대한 이유를 설명하며, 율
법의 근본적인 불완전함에 대한 바울로의 시각을 보여준다. 율법은 백성
들에게 해야 할 바를 말해주지만 "생명"을 줄 수는 없는 것이다(3,11: 로마
8,3). "생명"이란 바울로의 사상에서 "영적 생명"(참조 로마 8,11: 1고린 15,22:
36,2: 2고린 3,6)을 뜻한다. 따라서 바울로에 의하면 율법은 생명을 줄 수 없
기 때문에, 그것이 법적 차원이든 윤리적 차원이든 어떤 차원의 의화도
율법에 토대를 둘 수 없는 것이다.

46 바울로는 구체적인 성서구절을 명시하지 않은 채 막연히 성서가 모든 것
을 죄의 지배하에 묶어 두었다고 한다. 이와 비슷하게 율법은 모든 사람
이 죄 아래 있음을 밝혀준다는 사상이 로마 3,9-18에도 나오는데, 22절의
"성서"는 아마도 로마서에 인용된 율법과 본문들을 지칭할 것이다.

47 "모든 것"은 인류를 지칭하는 것을 암시하지만, 그 자체가 중성이기 때문
에 그리스도 이전의 사람들뿐 아니라 모든 피조물들을 의미할 수 있다(로마
8,19-23 참조).

48 이 문장은 목적절로서 율법의 긍정적 역할을 설명하고 있다. 성경이 모든
것을 죄의 지배하에 묶었지만 그것은 그리스도가 성취한 약속을 얻게 하
기 위한 것이었다. 사람들이 범법자임을 드러내는 율법의 잠정적이고 부
정적인 기능은 그리스도의 오심으로 끝이 났다. 이제는 그분께 대한 믿음
을 토대로 약속이 주어지는 새로운 시대인 것이다.

49 22절과 23절은 동사 "갇혀 있다"의 사용, 율법의 목적이 그리스도의 복음
임을 지칭한 점, 신앙에 대한 언급 등에서 병행구를 이루지만, 주어와 율

래서 율법은 그리스도께서 오실 때까지 우리의 감
시자[51]였는데, 이는 우리가 믿음으로 의롭게 되기
위해서입니다.[52] 25 그러나 믿음이 온 다음부터[53] 우
리는 감시자 아래 있지 않습니다.[54]

   26 사실 여러분은[55] 모두 그리스도 예수 안에서[56]
믿음으로 말미암아 하느님의 아들[57]이 되었습니다.
27 왜냐하면 그리스도 안으로 세례를 받은[58] 여러분

로마 10,4

요한 1,12

로마 6,3

법의 기능에 대한 서술에서 차이점을 보인다. 22절에는 "어떤 구분도 없는 모든 사람들"을 그리고 있지만 23절에는 유대인들(주어가 "우리"로 바뀌고 있음에 유의!)이 나온다. 또한 율법의 기능도 심판적 기능에서 감독적 기능으로 바뀌고 있다.

50 신앙은 미래에 계시될 실재로 묘사되는데, 이는 문맥상 그리스도께 대한 믿음을 가리킨다(22절). 따라서 율법의 지배는 그리스도께서 주시는 자유를 준비하기 위한 것이었다(4,3).

51 직역하면 "아동 교육자", "후견인"으로서 소년의 등하교를 책임지고 공부를 감시하며, 미성년기 동안 이끌어주는 책임을 맡은 노예를 의미한다. 율법의 역할은 그리스도가 올 때까지 유대인들을 보호하고 감시하는 일이었다. 이런 "보호, 감시"를 종결지은 분은 "율법의 끝마침"(로마 10,4)이신 그리스도이다.

52 바울로는 역설적으로 유대인들을 감시한 율법이 그들로 하여금 믿음을 토대로 의롭게 되도록 보호했다고 주장한다.

53 믿음이 "왔다"는 것은 일회적 사건인 그리스도의 죽음과 부활을 암시한다. 그리스도의 죽음과 부활은 믿음의 토대가 되었고, 믿음의 경륜 아래 사는

사람들은 율법의 지배에서 자유로워져서 은총의 지배하에 산다(로마 6.14).

54 바울로는 그리스도 이전에도 믿음이 있었지만 율법의 시대와 믿음의 시대로 구분하고 있다. 아마도 바울로는 그리스도 이전에는 믿음의 내용이 실현되지 않았던 것으로 본 것 같다. 그리스도 이후의 믿음은 그분 안에서 성취된 사건에 대한 것이다. 아브라함의 믿음(3.6.9)은 약속의 실현을 예상한 믿음이었지만, 그리스도인들의 믿음은 그리스도 안에서 성취된 약속에 대한 것이다. 아브라함은 믿음으로 의화되었는데, 이는 미래에 실현될 복이었다. 그러나 그리스도인들은 성령의 현존으로 이미 실현된 의로움을 체험하고 있는 것이다.

55 바울로는 주어를 "우리"(3.25)에서 이방계 그리스도인들인 갈라디아인들을 지칭하는 "여러분"으로 바꾸고 있다. 이것은 아마도 바울로가 율법에서 자유롭게 된 유대계 그리스도인들이 하느님의 아들이라는 것을 전제하고 있는 것 같다. 바울로는 이방계 그리스도인들이 하느님의 아들이라고 함으로써 율법이 이 새로운 부자관계에도 아무런 역할을 하지 못함을 암시하고 있다.

56 "엔 크리스토"ἐν Χριστῷ라는 구는 "예수 그리스도께 대한 신앙"을 지칭하기보다는 신앙과 세례의 결과로서 성자 그리스도와의 일치를 암시하는 것으로 보아야 한다.

57 자녀로서의 신분은 그리스도인들이 하느님과 맺은 새로운 관계이며, 이는 "예수 그리스도를 통하여" 혹은 그분과의 "일치를 통하여" 얻어진 것이다. 바울로는 유대인들뿐 아니라 이방인들도 그리스도를 믿음으로써 하느님과의 새로운 관계를 얻을 수 있음을 강조한다.

58 세례는 믿음의 성사적 보완이며 구체적 표현이다. 사람들은 세례 예식을 통해 그리스도와의 일치를 실현하며 공개적으로 자신의 헌신을 표현하였다. 바울로는 로마 6.3-14에서 수세자가 신비스럽게 그리스도의 죽음과

모두가 그리스도를 입었기 때문입니다.[59] 28 이제는
유대인도 그리스인도 없고 종도 자유인도 없으며
남자도 여자도 없습니다.[60] 여러분 모두가 그리스도
예수 안에서[61] 하나이기 때문입니다.[62] 29 여러분이
그리스도의 사람들이라면 여러분이야말로 아브라함
의 후손들이요 약속에 근거한 상속자들입니다.[63]

4 1 내가 말하고자 하는 것은 이러합니다. 상
속자도 미성년[1]인 동안에는 모든 것의 주인
이면서도 종과 다를 바 없습니다.[2] 2 오히려 그는
아버지가 정해놓은 기한까지[3] 후견인과 관리인[4▷]

로마 13,14

로마 10,12

로마 4,13

묻힘과 부활에 참여하며, 그분의 신비스러운 몸과 결합하는 것으로 설명
한다. 바울로는 이것을 "그리스도 안으로의 세례"라고 표현하는데, 수세
자는 이를테면 그리스도 안으로 잠기는 것이다.

59 바울로는 입교자가 신의 옷을 입음으로써 그 신과 자신을 동일시하는 신비종
교에서 형상을 빌려왔든가, 아니면 다른 사람의 외양이나 윤리적 경향을 취
하는 구약의 표현(욥기 29,14: 2역대 6,41)을 이용하고 있다. 바울로는 이 표현을
다시 로마 13,14에 사용하는데, 그것은 후자에 더 가까운 용법인 듯하다.

60 모든 사람들이 세례를 통해 그리스도와 일치된 상황에서는 유대인과 그리
스인이라는 종교적 차별, 노예와 자유로운 시민이라는 사회적 차별, 남성
과 여성이라는 성적 차별이 없어진다. 이렇게 믿음과 세례는 모든 대립이
나 차이를 극복하고 조화와 일치를 가져다준다.

61 "안에서"라는 전치사는 모든 사람이 그리스도와 영적으로 일치하는 신비
스러운 영역을 뜻한다.

62 사람들을 구분 짓고, 차별을 불러오는 이차적인 차이점들은 한 성령을 통해(1고린 12.13) 그리스도의 몸으로 합쳐지는 우선적 결합으로 인해 모두 사라져버린다. 그리스도는 하느님을 중심으로 모든 사람들을 서로 화해시키는 일치의 중심이다.

63 29절은 21-28절의 논증에 대한 결론이다. "여러분이 그리스도의 사람들이라면"이라는 표현은 갈라디아인들이 그리스도 안으로 세례를 받아 그분께 속하게 된 것을 가리킨다. 믿음으로써 그리스도께 속하기를 거절하는 유대인들은 하느님이 아브라함에게 주신 약속에서 제외된다. 그러나 그리스도께 속한 사람들은 유대인이든 이방인이든 아브라함의 후손이며 축복의 약속을 상속받는다는 것이다.

1 바울로에게 있어 "네피오스"*vḗpios*는 보통 그리스도교 생활에 미숙함을 의미하였다(참조 1고린 3.1: 13.11: 에페 4.14: 1데살 2.7). 그러나 여기에서는 문자 그대로 "갓난아이", "미성년"을 지칭한다.

2 미성년의 상속인과 종 사이에 다른 점이 없다는 바울로의 이야기는 설명을 위한 과장이다. 바울로가 말하고자 하는 것은 두 사람이 모두 규칙과 규정의 지배하에 산다는 것이다. 그러나 성인의 입장이 되어 회상해 보면 미성년의 상황과 종살이는 매우 많은 공통점이 있었다고 느낄 것이다. 바울로는 이런 미성년자의 상황을 그리스도가 오기 전에 율법의 지배하에서 종살이를 하던 것에 비유하고 있다.

3 그리스 상속법에 의하면 아버지가 죽기 전에 유언서에 미성년 아들이 성년에 이르는 나이를 지정해 놓고 그때까지 그를 후견인들 밑에 있도록 하였다. 미성년 상속자는 이 나이가 되어야 아버지가 물려준 전재산의 소유권을 행사할 수 있었다. 반면 유대인들의 상속법에는 미성년 어린이가 성년에 이르면(13세) 후견인의 역할이 끝난다고 규정했다. 이 규정에는 아버지가 아들이 상속권을 행사하는 시기를 적지 않았다.

아래 있습니다. 3 이와같이 우리도 미성년이었을 때는[5] 세상의 원소들[6] 아래 종살이하고 있었습니다. 4 그러나 때가 차자[7] 하느님께서 당신 아드님을 보내셨고,[8] 그분은 한 여인에게서 태어나[9] 율법 아래 놓이셨습니다.[10] 5 그것은 율법 아래 있는 이들이 구속되도록,[11] 그리고 우리가 아들 자격[12]을 받도록 하시려는 것이었습니다.[13] 6 과연 여러분은 아들들

갈라 3,23;
골로 2,20

에페 1,10

요한 1,14;
로마 1,3

갈라 3,13

로마 8,15

4   "후견인"은 상속인의 아버지가 해왔던 역할인 그의 인적 사항, 즉 그의 신체적·정신적 상태에 대해, "관리인"은 그의 재산에 대해 책임을 지는 사람이다.

5   여기에서의 "미성년"은 "어린아이"를 의미하는 것이 아니라 그리스도께 회개하기 이전 단계에 속한 사람들을 가리킨다. 여기에서 바울로가 "우리"라는 표현을 쓴 것은 회개하기 전의 바울로 자신이나 유대인들을 가리키는 것이다.

6   "세상의 원소들"의 의미는 매우 논란이 되었던 문제이다. 그것은 "요소들", "기초들"(히브 5,12에서와 같이 학업의 기초), 혹은 "기본적인 물질들"(흙, 공기, 물, 불), 혹은 "기본적인 표지들"(황도 12궁 같은 "별", "천체"의), 혹은 "영적 요소들"(세상의 물질적 요소들을 다스리는 영적 존재: 묵시 16,5 참조)을 의미할 수 있다. 이 중에 마지막 의미가 가장 타당한 듯한데, 그것은 "세상의 원소"들이 후견인이나 관리자에 해당하는 사람들과 같은 위치에 있는 것처럼 보이며, "본성상 신이 아닌 것들"(4,8)로 묘사되기 때문이다.

7   "때가 차다"라는 표현은 "우리가 미성년이었을 때"와 대조되는 표현으로서 하느님이 정하신 때가 도래했다는 것을 장엄하게 선포한 것이다.

8   "보내다"라는 동사는 초대 교회에서 특별한 의미를 지니고 있었는데, 그 것은 하느님께서 누군가에게 충분히 기반을 닦아놓은 권위를 주어 왕국을 위해 파견한다는 의미이다. 성자의 사명은 뒤에 나오는 목적절에 표현되어 있다. 여기에서는 어떤 의미로도 성자의 선재성先在性에 대한 구체적인 언급은 없다.

9   "한 여인에게서 태어났다"는 표현은 그리스도께서 인간의 조건을 취한 것을 강조하기 위한 것으로서 구약에서 가져온 표현이다(욥기 14,1: 15,14: 25,4). 그러나 이 표현 자체가 마리아의 동정 잉태를 지칭하는 것으로 보는 것은 시대착오적인 해석이다.

10   그리스도께서는 단순히 "인간"으로 오신 것이 아니라 "유대인"으로 오셨기 때문에 율법의 의무를 지고 있었으며 당신의 삶을 통해 율법의 요구들을 충족시켜야만 했다.

11   바울로는 여기에서 그리스도가 어떻게 그들을 속량했는지 밝히지 않는다. 그렇지만 2,19-20에 의하면 그리스도는 율법의 단죄를 받아 십자가형을 받고 부활함으로써 율법의 지배에서 자유를 누리고 당신을 믿고 따르는 이들에게 부활의 생명을 준다.

12   "아들 자격", "양자 신분"이라는 단어는 70인역이나 바울로 서간을 제외한 다른 신약성서에서는 나타나지 않는 단어이다. 바울로에게 있어 "아들 자격"은 하느님이 이스라엘을 선택하셔서 당신 백성(신명 4,34)과 맏아들(출애 4,22)로 삼으셨다는 가르침에 근거하고 있다. 바울로는 아들 자격이란 용어를 선택해서 그리스도인들이 아버지 하느님의 부권에 속해 죄와 죽음의 노예살이에서 해방된다고 가르쳤다(로마 8,17).

13   5절은 목적이나 결과를 의미하는 접속사 "히나"iva에 의해 이끌어지는 두 개의 절로 구성되어 있다. 많은 주석학자들은 이 두 문장을 병행관계가 아니라 연속관계로 해석하면서, "율법 아래 있는 이들"은 유대계 그리스

입니다.[14] 그렇기 때문에 하느님께서 당신 아드님의 영[15]을 우리 마음 안에 보내셨으며 그 영은 "아빠[16] 아버지!"라고 외치고 계십니다. 7 이처럼 그대는 종이 아니라 아들이요, 아들이라면 또한 하느님께서 세우신 상속자입니다.[17]

로마 8,15-16

로마 8,17; 갈라 3,29

갈라디아인들에 대한 바울로의 걱정[18]

8 그러나 전에 하느님을 몰랐을 때 여러분은 본질상 신이 아닌 것들한테 종살이를 했습니다.[19] 9 그러나 지금은 하느님을 알고 있습니다. 아니, 하느님께서 여러분을 알아주셨습니다.[20] 그런데 어떻

2역대 13,9; 이사 37,19; 1고린 8,4-6

도인들을, 둘째 문장의 주어 "우리"는 이방계 그리스도인들을 지칭하는 것으로 받아들인다. 이는 바울로가 다른 곳에서 사용하는(로마 1,16; 2,9.10; 3,9; 1고린 1,24; 9,20-21; 10,32) "먼저 유대인, 다음에 그리스인"이라는 형식에 따른 것이다.

14 이 문장은 이유문이나 서술문으로 해석될 수 있다. 이유문이라면 양자결연이 성령파견의 근거가 된다. 즉, 갈라디아인들이 하느님의 아들들이기 때문에 하느님께서 아들의 영을 보내셨다는 것이다. 그러나 로마 8,14-17에는 성령의 선물이 그리스도인들의 양자신분을 암시하는 것 같다. 즉, 그리스도인들은 성령을 받음으로써 하느님의 자녀가 되는 것이다. 따라서 일반적으로 서술문으로 간주하고 있다.

15 "하느님께서 당신 아드님의 영을 우리 마음 안에 보내셨다"는 표현은 4절의 "하느님께서 당신 아드님을 보내셨다"는 표현에 병행하는 구절이다. 바울로는 여러 곳에서 영과 그리스도를 명확히 구분하지 않고 있는데, 성

자와 성령의 이중 파견은 아마도 구약에서 메시아의 파견과 영의 파견을
구별하는 것(다니 9,25)을 반영하는 것 같다.

16 "아빠"는 아람어로서 어린이가 아버지를 부르는 애칭일 뿐 아니라 더 광
범위하게 "나의 아버지"와 같은 뜻으로 쓰였다. 유대인들은 하느님을 "아
버지"라고 불렀어도 결코 "아빠"라고는 부르지 않았다. 그러나 예수는 하
느님을 "아빠"라고 부름으로써 그분과의 친밀하고 유일무이한 부자관계를
표현했다.

17 이 구절은 4,1-6의 결론이다. 바울로는 여기에서 주어를 복수 2인칭(여러
분. 4,6)에서 단수 2인칭(그대)으로 바꿈으로써 갈라디아인들 각자에게 호소
하는 듯한 효과를 내고 있다. 그리스도인들은 세례를 통해서 그리스도의
죽음에 참여하고 하느님의 생명을 누린다(2,9). 상속의 내용은 약속된 영
(3,14)이며, 하느님 나라(5,21: 1고린 6,9.10: 15,50)이다. 하느님의 자녀들인 그
리스도인들은 상속을 영의 보증(2고린 1,22: 5,5)으로 받았으며, 그들이 그리
스도의 죽음에 완전히 참여할 때 상속은 완성될 것이다.

18 바울로는 4,7까지 교의적인 부분을 끝내고, 여기에서부터는 갈라디아인들
의 현상황에 적용시켜 훈계한다. 그들이 그리스도께 회개하기 이전의 상
황과 이후의 상황을 대조하면서 이전의 상황으로 돌아가려는 그들의 모순
을 비판하고 있다.

19 갈라디아인들의 이교배경을 상기시키고 있는 구절이다(참조 5,21-23: 6,12-13).
바울로는 그리스도께서 오시기 전에 유대인들이 율법의 지배하에서 종살이
를 했던 것처럼, 이교인들의 우상숭배도 종살이로 보고 있다(1데살 4,5: 1고린
12,2).

20 여기에서 두 번 사용되고 있는 "알다"라는 동사는 한 번도 "이해하다" 혹
은 "지식을 얻다"라는 의미로 사용되지 않았다. 성서적인 의미에서의 "경
험하다"를 뜻한다. "하느님의 아들"(3,26)로서, 그리고 "그 아드님의 영"을

게 여러분은 약하고 보잘것없는 원소들에게 되돌아
가 옛날같이 다시 종살이를 하려 합니까?[21] 10 여러
분이 날과 달과 절기와 해[22]를 지키다니 11 이제까
지 내가 여러분을 위해 애쓴[23] 것이 헛일이 아닐지
두렵습니다.

12 형제 여러분, 나는 여러분에게 간청합니다. 내
가 여러분과 같이 되었듯이 여러분도 나와 같이 되
시오.[24] 여러분은 나를 괴롭힌 적이 없었습니다.[25]
13 오히려 여러분도 알다시피 나는 육신의 병이 기   1고린 2,3

받은 사람으로서 갈라디아인들은 하느님을 아버지로 경험한다. 그런 경험
으로서의 하느님께 대한 갈라디아인들의 지식은 그들 안에서 갑자기 나온
것이 아니라 하느님께서 사랑으로 섭리하신 결과이다.

21 이 구절은 두 개의 수사학적 질문으로 구성되어 있다. 즉, "어떻게 여러
분은 약하고 무력한 원소들에게 다시 돌아갈 수 있습니까?"와 "여러분은
그것을 또다시 섬기려 합니까?"라는 질문이다. "원소들"이란 4,3의 "세상
의 원소들"에 연결되는 표현이다. 바울로는 믿음으로 하느님의 자녀가 된
갈라디아인들이 피조물을 신으로 섬기려 함으로써 회개하기 이전의 상황
으로 돌아가려는 것을 지적하며, 그것은 그리스도께서 오시기 전까지 율
법의 종살이를 하고 있었던 유대인들의 상태(3,23-25 참조)로 돌아가는 것과
마찬가지라고 주장하고 있다.

22 "날과 달과 절기와 해"가 정확히 무엇을 의미하는지에 대해서는 논란이
되어 왔지만 아마도 유대교 전례력과 관련이 있는 듯하다. "날"은 안식일
이나 하루 동안의 축제일을, "달"은 각 달의 시작을 알리는 새로운 달의
출현을, "절기"는 무교절, 오순절 같은 큰 축제들을, "해"는 안식년을 지

칭할 것이다. 그러나 각 용어들이 정확히 무엇을 지칭한다고 보는 것보다는, 이 네 용어들이 일반적으로 유대인들이 지켜온 날짜에 관련된 예식을 총칭한다고 보아야 할 것이다.

23 "애쓰다"는 동사의 시제는 완료형으로서, 바울로의 과거에 복음을 선포했을 때의 수고의 결과가 현재까지 계속되는 것을 지칭한다. 바울로가 여기에서 두려워하는 것은 애쓴 결과가 더 이상 지속되지 않는 것, "헛일로 끝나는 것"이다.

24 "나와 같이 되라"는 것은 바울로가 1,13 - 2,14에서 자신에 대해 이야기한 것과 2,15 - 4,11에서 유대교의 율법에 대해 그리스도교의 복음을 변호하는 논쟁에서 이야기한 것을 지칭한다. 즉, 복음의 진리에 충실한 것 (2,5.14), 율법에 대해서 죽은 것(2,19), 더 이상 율법의 지배하에 있지 않은 것(3,25), "그리스도의 신앙"으로 사는 것(2,20; 3,26-29) 등을 배우라는 것이다. 명령법을 사용한 것은 물론 갈라디아인들이 바울로와 같지 않음을 전제하고 있는 것인데, 그들은 유대교의 실천 사항들을 준수하기 시작했기 때문이다. 반면에 "내가 여러분과 같이 되었다"는 말은 갈라디아인들이 바울로를 본받아야 하는 이유를 제시하는 것이지만 어떻게 바울로가 그들처럼 되었는지는 명시되어 있지 않다. 이는 아마도 1고린 9,21에서 "율법 없이 사는 이들에게는 율법 없이 사는 이처럼 되었습니다"라고 이야기하는 대로 바울로는 갈라디아인들의 생활양식을 본받았던 것 같다.

25 "괴롭히다", "잘못하다"라는 동사는 "관습이나 법 혹은 옳은 것에 저촉되는 것", 혹은 "하느님을 거슬러 죄를 짓는 것"을 의미한다. 이 구절은 앞의 문장과 내용상, 문체상 아무 연결도 없는 하나의 단절로서, 바울로는 갑자기 과거에 자신이 갈라디아인들 사이에 머물던 이야기를 꺼내고 있다. 다음 구절들에 나오듯 갈라디아인들은 바울로에게 우호적 태도를 보였다.

회가 되어[26] 여러분에게 처음으로[27] 복음을 전파했습
니다. 14 비록 나의 병이 여러분에게 유혹이 되었지
만[28] 여러분은 나를 마다하거나 침뱉지 않고 오히려
하느님의 천사[29]처럼, 그리스도 예수처럼 맞아들여
주었습니다. 15 그런데 여러분의 그 행복[30]은 다 어
디로 갔습니까?[31] 사실 나는 자신있게 말하는데, 그
때 여러분은 할 수만 있었다면 여러분의 눈이라도
빼서 내게 주었을 것입니다.[32] 16 그런데 이제 내가
진실을 말하기 때문에 여러분의 원수가 되었습니 아모 5,10
까?[33] 17 그들은 선의로 여러분에게 열성을 보이고
있는 것이 아닙니다.[34] 오히려 여러분을 따로 떼어내

26 전치사 "디아"διά는 여기에서 선포의 기회(병을 기회로)를 의미하는 것이지 방
법(병을 통해)이나 한정적 조건(병 가운데에서)을 가리키는 것은 아니다. 바울로
는 병이 난 것을 계기로 갈라디아인들에게 복음을 전하였지만 구체적으로
어떤 병인지는 밝히지 않고 있다. 2고린 12,7에 의하면 아마도 어떤 고질
병을 앓고 있었던 것 같다.

27 고전 희랍어에서 형용사 "프로테로스"πρότερος는 "여럿 중의 첫째"를 의미
하는 "프로토스"πρῶτος와 구분하여 비교급, 즉 "둘 중의 앞의 것"을 의미
하였지만 성서 그리스어에서는 두 단어가 혼용되고 있다. 어쨌든 여기에
나오는 "처음으로"τὸ πρότερον라는 표현을 주석학자들은 바울로가 편지를
쓰기 전에 두 번 갈라디아를 방문했음을 암시하며(사도 16,6과 18,23 참조), 그
첫번째 방문을 지칭한다고 해석한다.

28 직역하면 "나의 육체 안에 있는 여러분의 유혹"이며, "비록 나의 병이 여
러분에게 (나를 침뱉거나 경멸하고 싶은) 유혹이 되었지만"으로 이해해야 한다. 비

교적 의미는 분명하지만 문법적으로도 어색하고 번역하기도 매우 어렵다. 바울로가 갈라디아인들에게 처음 왔을 때, 그의 병은 그들이 그를 거부할 수 있는 충분한 이유가 될 수 있었다. 질병은 당대의 이방인들에게 신의 저주나 악마의 힘에 사로잡힌 결과라고 간주되었기 때문에 그들은 바울로와 그의 메시지를 거부하고 싶은 충동을 느꼈을 것이다. 그러나 예상 밖으로 그들은 바울로를 환대하고 그의 복음을 받아들였다.

29 신약 안에서 "앙겔로스"*ἄγγελος*는 주로 "사자"라는 의미로 사용되었다(마태 11.10: 루가 7.24.27: 마르 1.2 참조). 그렇지만 바울로는 "아포스톨로스"*ἀπόστολος*를 "사자"라는 의미로 사용하였고 "앙겔로스"는 갈라디아서와 다른 저술 속에서 초인간적이고 초지상적인 존재인 "천사"를 지칭한다(1.8: 3.19: 1고린 4.9).

30 "마카리스모스"*μακαρισμός*라는 단어는 "복됨", "행복" 혹은 "기쁨"을 지칭한다.

31 이것은 하나의 수사학적 질문으로서 과거의 상황이 아무런 좋은 결과도 남기지 못하고 끝났음을 가리킨다.

32 "눈이라도 빼서 내게 주었을 것"이라는 표현은 바울로가 눈의 질병을 앓았으리라는 것을 암시할 수 있다 하더라도 하나의 과장법으로서 그들은 자신들의 가장 귀중한 것이라도 그에게 주었을 것이라는 의미이다.

33 이 문장을 감탄문으로 해석해야 한다고 주장하는 학자들도 있지만(R.N. Longenecker, *Galatians*, 193), 일반적으로 의문문(수사학적 질문)으로 해석하고 있다. 갈라디아인들은 복음을 받아들이고 한때 기쁨에 넘쳐 있었다. 그러나 바울로는 유대주의의 위험에 대해 경고하는 이 편지로 인해 그들과 소원하게 될까 두려워하고 있는 듯하다.

34 바울로는 보통 적대자들의 이름을 밝히지 않고 있으며, 여기에서는 인칭 대명사를 쓰지도 않고 동사로써 주어를 암시할 뿐이지만, 모든 사람들이 그들이 누구인지 안다는 것을 전제하고 있다. "열성을 보이다"*ζηλόω*는 동

기를[35] 원하는데, 그것은 여러분이 자기들에게 열성을 보이게 하려는 것입니다. 18 그러나 선의로 호감을 산다는 것은 좋은 일입니다. 내가 여러분과 함께 있을 때만 아니라 항상 말입니다. 19 어린 자녀 여러분,[36] 그리스도의 모습이 여러분 안에 갖추어질 때까지[37] 나는 여러분을 위해 다시 산고를 겪고 있습니다.[38] 20 그리고 나는 당장이라도 여러분에게 가서 내 어조를 바꾸고 싶습니다.[39] 왜냐하면 나는 여러분의 일로 갈피를 못 잡고 있기 때문입니다.

성서의 증언 — 하갈과 사라의 우의[40]

21 율법 아래 살고 싶어하는 여러분,[41] 나에게 말해 보시오. 여러분은 율법을 들을 줄도 모릅니까?[42]

사는 원래 "노력하다, 애쓰다"를 의미하는데, 사랑이나 우정에 대해 쓰일 때는 "개인적으로 관심을 기울이다" 혹은 "진지하게 어떤 사람의 환심을 사려 하다"는 의미를 지니며 나쁜 의미로나 좋은 의미로 사용될 수 있다.

35 바울로는 그들이 공동체를 어디에서 따로 떼어내려 했던지는 명시하고 있지 않다. "예루살렘 공동체로부터", "바울로와의 관계로부터", "그리스도교 공동체로부터", "종말론적 혼인잔치로부터" 등 여러 가지 주장이 있지만 이 중 어떤 것이 더 타당한지는 결정하기 어렵다. 분명한 것은 적대자들이 갈라디아인들을 바울로가 선포한 복음과 은총에서 이탈하게 하고 율법에 의존하게 하려는 의도를 갖고 있었다는 사실이다.

36 바울로는 여기에서 논조를 갑자기 바꿔서 어머니로서의 사랑, 걱정, 당혹감 등을 표현하고 있다.

37 바울로가 임신한 어머니로 비유되듯이 갈라디아인들도 그리스도를 태아처럼 자궁에 잉태하고, 그 태아가 완전히 형성되도록 임신 기간을 필요로 하는 형상으로 표현한다. "갖추어지다"는 표현은 태아가 자궁에서 형성되듯이 그리스도가 바울로의 산고를 통해 갈라디아인들 안에서 공동체적으로 그리고 개별적으로 현존하는 것을 표현한다.

38 바울로는 여기에서 자신을 산고를 겪는 어머니로 표현하는데, 이런 표현은 바울로의 다른 편지에서는 보이지 않는 비유이다. 그는 그리스도 안의 새 생명을 그들에게 전해주는 것을 영적 모성으로 이해했다. 바울로가 선교에 노력했던 것은 이렇게 그리스도의 모습과 모범을 따라 그리스도인의 모습을 변화시키는 데 그 목적이 있었다. 자신의 "영적 자녀"들에 대한 그의 걱정은 거의 모성적 본능에서 나온 것과 같다.

39 "원하다"는 동사가 미완료 시제로 사용된 것은 현재의 실현 불가능한 것에 대한 희망을 가리킨다. 또 "어조를 바꾸다"라는 표현은 그의 권고의 어조를 바꾸거나 권고의 내용을 바꾼다는 것을 의미할 수도 있다. 그러나 편지로 쓰기보다는 직접 말로써 대화하기를 원하는 바울로의 희망을 표현하고 있다고 보는 것이 낫다.

40 바울로는 4,21-31에서 앞에 이어서 한 번 더, 그리고 마지막으로 복음과 율법의 주제를 다루고 있다.

41 바울로는 갈라디아인들을 "율법 아래 살고 싶어하는" 사람들로 표현한다. 이는 그들이 유대인들의 전례력을 지키기 시작했고(4,10) 다른 율법 규정들도 지키려 하지만(1,6: 3,3: 4,11 참조), 아직 유대주의자들의 율법주의적 원칙들과 규정들을 모두 받아들인 것은 아님을 암시한다.

42 "율법을 듣다"라는 표현은 구약에서 율법에 복종한다는 것을 뜻한다(이사 1,10: 6,9-10 참조). 이스라엘 백성의 신앙고백은 "하느님은 한 분이시며 온 마음과 온 영혼과 온 힘을 다하여 하느님을 사랑하라"는 가르침을 "들어

> 22 사실 아브라함은 두 아들을 두었는데,[43] 하나는 종인 여자에게서 났고 하나는 자유인인 여자에게서 났다고 씌어 있습니다.[44] 23 그러나 종에게서 난 아들은 육을 따라 태어났고[45] 자유인에게서 난 아들은 약속을 따라[46] 태어났습니다. 24 이것들은 우의로 표현된 것이니,[47] 이 여자들은 사실 두 계약입니다.[48] 하나는 시나이 산으로부터 유래하며 종살이를 위해 아기를 낳았으니, 그 여자는 하갈입니다.[49] 25 그런데 시나이 산은 아라비아에 있지만,[50] 하갈은 지금의

로마 9,7-9

로마 8,15;
갈라 5,1

라” 하는 것이다(신명 6,4). 바울로가 여기에서 주장하는 것은 갈라디아인들이 진실로 율법을 “듣는”다면 유대주의자들의 율법주의에로 되돌아가지 않을 것이라는 의미이다. 왜냐하면 율법은 그리스도께서 오실 때까지 후견인의 역할을 하는 것이기 때문이다(3,23-25 참조).

43 아브라함의 아내 사라에게서 태어난 이사악(창세 21,2-5)과 이집트 출신 종이었던 하갈에게서 태어난 이스마엘(창세 16,1-6)을 지칭한다. 바울로는 아브라함이 크투라에게서 난 자식들을 생각하지 않고 있다(창세 25,2).

44 “씌어 있다”라는 동사는 바울로가 성서 본문을 인용하기 위해 사용하는 형식이다. 그러나 여기에서는 성서의 특정한 본문이 인용된 것이 아니라 창세기의 몇 장에 걸쳐 나오는 아브라함에 관한 내용을 요약하고 있다. 따라서 이는 바울로가 적대자들의 주장에 대해 논박하고 있다는 암시가 된다(C.K. Barret, *The Allegory*, 9). 그 둘째 암시는 바울로가 하갈과 그의 아들 이스마엘 그리고 사라와 그의 아들 이사악을 대조시키면서도 여기에서는 그 이름을 언급하지 않고 오직 뒤에 가서 언급하고 있다는 사실이다. 더군다나 사라와 이스마엘의 이름은 뒷부분에도 나오지 않는다. 아마도 유

대주의자들은 하갈과 사라의 이야기를 설명하면서, 아브라함과 그의 자손, 즉 사라의 아들 이사악에게 약속이 주어졌으며, 이방계 그리스도인들도 이사악의 후손에게 주어진 모세의 율법에 종속되지 않으면 그 약속을 상속받지 못한다고 주장한 듯하다.

45 "육을 따라"라는 표현은 하느님의 의지와 약속을 모르는 채 육적인 생활을 한다는 윤리적인 의미가 아니라 이스마엘 출생의 자연적인 성격, 즉 후손을 얻으려는 아브라함의 소망을 따라 태어났다는 것을 가리킨다.

46 이 "약속"은 하느님께서 아브라함에게 주신 일반적인 약속(창세 12,2)이 아니라 창세 15,4; 17,16-21에 나오는 특별한 약속을 가리킨다. 그 약속은 하느님의 개입으로 이사악이 탄생함으로써 성취되었다.

47 바울로는 자신의 독자들에게 창세기 이야기의 역사적 모습은 그에게 더 깊은 의미가 있다고 이야기한다. "비유" 혹은 "우의"allegory는 옛 성서 전통을 취급함에 있어서 자의적 뜻을 무시하고 새롭고 숨은 의미를 찾아내어 상징어로 표현한 랍비들의 해석방법을 지칭한다.

48 "두 계약"은 당연히 토라 중심적인 "옛 계약"과 그리스도 중심적인 "새 계약"을 의미한다.

49 바울로는 우의적 해석 방법에 따라 하갈을 시나이 계약, 시나이 산, 현 예루살렘과 동일시하고 있다. 유대인들과 유대주의자들은 시나이 계약에 대해 자부심을 갖고 있었다. 하지만 바울로에게 그것은 종살이할 운명을 지고 태어난 하갈의 자손처럼 "육을 따라" 태어난 아브라함의 자손들을 종살이시키는 것이다.

50 네슬러-알란트 26판이 이 본문 대신 "그런데 하갈은 아라비아에 있는 시나이 산입니다"라는 문장을 "렉시오 디피칠리오르"*lectio difficilior*(더 어려운 본문이 원문에 가깝다는 본문비평상의 원칙)로서 선택하고 있지만 바울로 서간의 가장 오래된 필사본인 P[46]과 다른 필사본에는 "시나이 산은 아라비아에 있지만"으

예루살렘에 해당합니다.[51] 그녀는 자기 자손들과 함께 종살이를 하고 있기 때문입니다.[52] 26 그러나 하늘에 있는 예루살렘[53]은 자유로우며 바로 우리의 어머니입니다.[54] 27 사실 다음과 같이 씌어 있습니다.[55]

히브 12,22; 묵시 3,12; 21,2.10

기뻐하라, 아이 못 낳는 불임의 여인아!
환호하고 외쳐라, 산고 모르는 여인아!
외로운 여인의 자손들이
남편 가진 여인의 자손보다
더욱 많을 것이기 때문이다.[56]

이사 54,1

28 형제 여러분, 여러분은 이사악과 같이 약속의 자손들입니다.[57] 29 그러나 전에 육을 따라 난 자가 영을 따라 난 이를 박해했듯이 지금도 그렇습니다.[58]

로마 9,7; 갈라 3,29

창세 21,9

로 나온다. 어떤 경우에든 율법이 가져온 종살이가 거부된 아브라함 자손의 조건임을 강조하기 위해 바울로는 하갈을 시나이 계약, 현재의 예루살렘과 동일시하고 있다. 또한 이 문장은 어떻게 하갈이 약속된 땅 밖의 거룩한 장소와 연관되어 있으면서도 현재의 예루살렘과 동일시되는지 설명하고 있다. 바울로가 여기서 아라비아를 언급한 까닭은 아마도 시나이 산이 아라비아에 있으며 아라비아는 이스마엘의 지역이기 때문일 것이다. 그래서 그는 시나이 계약과 아랍 부족의 시조인 이스마엘(창세 25,12-18)을 연관시키고 있다. 그럼으로써 율법 자체는 약속된 땅이나 진정한 아브라함의 후손과는 상관없는 외부적 상황에서 기인한 것임을 암시하고 있다.

51 예루살렘은 유대교의 본산지이며 시나이처럼 주님의 말씀이 나오는 곳(이사 2,3; 미가 4,2)으로서의 의미를 지니고 있다. 바울로는 율법의 지배로 야기된 종살이가 시나이 산에서 시작하여 현 예루살렘에서 계속되고 있다고 주장한다.

52 아마도 바울로의 적대자들은 아브라함, 사라, 이사악에게 이어진 약속이 시나이 계약과 연결된다고 믿었던 것 같다. 그러나 바울로는 시나이 계약에 매여 있는 현재의 예루살렘이 종살이를 하고 있는 것이라고 논박한다.

53 "하늘에 있는 예루살렘"은 직역하면 "위의 예루살렘"으로서 "현재의 예루살렘"에 대조되는 표현이다. "위의 예루살렘"이라는 말은 천상 예루살렘, 이미 성취된 세말의 세계를 가리키며, 현 예루살렘처럼 현존하는 실재이기도 하다.

54 바울로는 하갈이 상징하는 현 예루살렘이 자기 자녀들과 종살이를 하는 것(4,25)과 대조적으로 사라를 암시하는 천상 예루살렘은 자기 자녀들, 즉 아브라함의 후손들과 자유를 누리고 있다고 해석한다. 바울로가 여기에서 사라의 이름을 명시하지 않은 것은 아마도 사라를 완성된 구원의 세계를 나타내는 천상 예루살렘의 원형으로 보기 어렵기 때문이었을 것이다.

55 이사 54,1이 70인역에서 인용되고 있다. 예언자는 황폐화된 시온을 향해 말하고 있으며 유배에서 귀향하는 기쁨을 이야기한다. 바울로는 이사야의 말을 유비된 사라, 하늘의 예루살렘에 적용시키고 있다.

56 바울로는 천상 예루살렘을 "외로운 여인", "산고를 모르는 여인"과 동일시하면서 이사야의 예언이 교회의 성장으로 실현되기 시작했다고 보았다. 그리스도 안에서 모이는 신자가 많아진다는 의미로 "외로운 여인의 자손들이 많다"라는 예언을 해석하고 있다.

57 바울로는 갈라디아인들이 유대주의자들의 주장과는 달리 율법과는 무관하게 그리스도를 믿음으로써 약속의 자녀들이라고 주장한다.

58 창세기 21,10에서 사라는 이스마엘이 이사악과 노는 것을 보고 그가 이사악의 상속에 강력한 라이벌이 될 것을 알고는 그의 어머니를 쫓아낸다. 그러나 이스마엘이 이사악을 박해했다는 말은 창세기뿐 아니라 구약성서 어디에서도 발견되지 않는다. 이는 타르굼이나 랍비들의 해석에서 나왔을

30 그런데 성서는 무엇이라고 말합니까? "종과 그 아들을 내쫓아라! 왜냐하면 종의 아들이 자유인의 아들과 함께 상속받아서는 안 되기 때문이다"[59] 하였습니다. 31 그러므로 형제 여러분, 우리는 종의 자손이 아니라 자유인의 자손입니다.[60]

창세 21,10

갈라 3,29

그리스도인의 자유

5 1 자유를 위해[1] 그리스도께서 우리를 해방하셨습니다. 그러니 굳건히 서서[2] 다시는 종살이의 멍에에 매이지 않도록 하시오. 2 보시오, 나 바울로가 말합니다.[3] 여러분이 만일 할례를 받는다면 그리스도는 여러분에게 아무 소용이 없을 것입니다.[4] 3 그러나 나는 할례를 받은 모든 이에게 다시 한번 분명히 말해두는데,[5] 그는 모든 율법을 지킬 의무가 있습니다.[6] 4 여러분 중에 율법으로 의롭게 되려고

요한 8,32.36
갈라 2,4; 5,13

사도 15,10

것인데, 랍비들은 "놀았다"는 히브리 단어를 적대적인 뜻으로 해석했으며 ("괴롭혔다"), 팔레스티나의 타르굼은 이스마엘이 태어나서 8일 만에 세례를 받은 이사악에게 자신은 13세 때 할례를 받았으니 더 의롭다고 하면서 장자 상속권을 차지하기 위해 다투었다고 한다.

59 바울로는 창세 21,10에 나오는 사라의 말을 하느님의 말인 양 인용하고 있다. 이렇게 본문을 변형시킴으로써 바울로는 갈라디아인들에게 그들 가운데서 유대주의자들을 몰아내라고 이야기하고 있다. 이스마엘과 이사악이 약속의 상속인으로서 공존할 수 없듯이 두 아들의 예형인 적대자들과 갈라디아인들의 경우도 그러하다는 것이다.

60 모든 그리스도인들은 자유로운 여자의 자녀로서 그리스도께서 성취해 주 신 자유를 누린다(5.1)

1 5장은 앞의 부분과 연결해 주는 문장이나 접속사 없이 갑자기 시작되고 있다. 다만 "자유"라는 말은 4.31의 "자유인"이라는 말에 착안하여 선택한 듯하다. 바울로가 "자유를 위해"(목적을 나타내는 여격임)라는 말을 문장의 제일 앞에 놓은 것은 강조하기 위한 것이며, 이것으로 편지의 교의적 메시지를 요약하고 있다. 즉, 그리스도께서 행하신 구원사업의 목적으로서의 "자유"가 그것이다. 이 자유는 율법의 종살이로부터의 자유이고(참조 3.13.22-25: 4.1.2.21-31), 율법의 저주로부터의 자유이다(3.13.24).

2 "굳건히 서다"라는 의미는 그들을 종살이의 멍에에로 이끌려는 모든 노력에 대항하여 단호하고 확고하게 자유 안에 버티라는 호소이다. 이는 율법주의적 규정들의 멍에를 지칭하는 것이다(5.2).

3 이는 바울로가 자신의 사도적 권위를 최대한 강하게 표현한 것이다.

4 갈라디아인들이 율법을 준수함으로써가 아니라 그리스도를 믿고 따름으로써 그리스도인이 되었는데도 불구하고 이제 와서 할례를 받는다면 율법의 지배에서 그들을 자유롭게 한 그리스도의 구원행위는 무용지물이 되고 마는 것이다. 이제 갈라디아인들은 그리스도와 자유를 선택할 것인지 아니면 율법과 종살이를 선택할 것인지 양단간의 결정을 내려야 한다.

5 이 표현은 여기에서 이야기되는 모든 것은 일반적이고 보편적인 가치를 지닌 공적 증언으로서의 힘을 가진다는 의미이다.

6 바울로가 갈라디아인들에게 할례받은 자들은 율법규정 전체를 지켜야 한다는 것을 거듭 강조하는 것은 적대자들이 그들에게 이런 내용을 가르치지 않았음을 암시한다. 적대자들은 할례(5.4-6)나 전례력 규정(4.10)을 그들에게 요구했지만 그밖의 계명들을 강요하지는 않았던 것 같다. 이에 바울로는 그들이 유대인들의 표지인 할례를 받으면 모든 생활방식을 율법의

하는 사람은 누구나 그리스도와 인연을 끊은 것이며 은총으로부터 떨어져 나간 것입니다.[7] 5 왜냐하면 우리는 영으로 말미암아 믿음을 바탕으로 하여 의로움의 희망을 기다리고 있기 때문입니다.[8] 6 사실 그리스도 예수 안에서는[9] 할례나 비할례가 중요한 것이 아니라[10] 사랑으로 행동하는 믿음이 중요합니다.[11]

1고린 7,19; 갈라 6,15

7 여러분은 잘 달리고 있었습니다.[12] 그런데 누가 여러분을 진리에 순종하지 못하게 가로막았습니까?[13] 8 그런 설득[14▷]은 여러분을 부르신 분으로부터

갈라 1,6

규정에 맞추어야 하는데 이는 복음의 진실을 따라 걷는 것이 아니라고 주장한다(2,14).

7 바울로는 여기에서 다시 한번 "그리스도"와 "율법"이라는 배타적인 두 원칙을 대조시키면서 갈라디아인들이 그리스도를 믿고 따르는 것과 율법 안에서 의화를 추구하는 것은 양립할 수 없음을 일깨우고 있다. 아마도 갈라디아에 침투해 온 바울로의 적대자들은 율법 안에서 의화를 추구하는 것이 "은총에서 떨어져 나가거나", "그리스도를 버리는 것"을 의미하지는 않는다고 생각하거나, 은총과 그리스도께 대한 믿음 외에도 율법을 지켜야 구원받는다고 여겼던 것 같다.

8 바울로는 여기에서 2,15-21과 3,1 - 4,11의 논지를 요약하고 있다. 즉, 아무도 율법을 통해서는 의롭게 될 수 없고 오직 믿음을 통해서만 의롭게 될 수 있다는 것을 재확인하고 있다. "영으로 말미암아(영을 통해서)"라는 말은 생명을 주는 힘을 갖고 있으며 그리스도와 그리스도께 속한 사람들을 결속시키는 끈으로서의 성령을 지칭한다. "믿음을 바탕으로 하여"는 "율법을 통해"라는 말과 대조되는 것으로서 성령께서 주시는 것과 활동하시

는 것은 오로지 믿음 안에서만 받을 수 있고 알 수 있는 것이다. "의로움의 희망"에서 "의로움의"라는 속격은 희망의 내용(목적격적 속격)을 가리키거나 희망과 동격(주격적 속격)이라고 해석할 수 있다. 어떤 경우에든지 "의로움의 희망"을 "기다린다"는 것은 인간의 충만한 의로움이 종말론적 미래에 실현될 것임을 암시한다.

9 "그리스도 예수 안에서"라는 말은 그리스도인들이 부활한 그리스도를 믿고 따름으로써(3.26) 또한 세례를 통해서(3.27) 그분과 인격적 관계를 맺는 것을 뜻한다. 이 관계가 구원의 결정적 토대이기 때문에 할례나 비할례는 무의미하다.

10 "중요하지 않다"는 것은 "가치가 없다"는 것을 의미한다. 그렇다면 바울로가 왜 할례를 반대하는지 의문이 생길 수 있지만 그것은 5,2의 빛에 의해 이해되어야 한다.

11 의화의 원칙은 그리스도 자신의 모범을 따라 사랑으로써 실천하는 믿음이다(2.20: 로마 5,5-8). 믿음은 행동을 수반하고 사랑의 실천을 통해 그 완전한 의미가 드러난다. 이때문에 바울로는 계속해서 개종자들에게 온갖 종류의 선한 행위들을 실천하도록 권고하고 있는 것이다.

12 바울로는 가끔 그리스도인의 노력을 경주에 나선 주자의 노력에 비유하곤 한다(2.2: 1고린 9,24-26). 미완료 시제로서의 "달리고 있었다"는 표현은 그들이 현재의 위기상황에 빠지기 전까지 그의 복음에 충실하고(4.13-15 참조) 믿음과 희망과 사랑으로 이루어진 그리스도교적 생활에 충실하고 있었다는 것을 뜻한다. 그러나 유대주의자들이 그 길을 막은 것이다. 그들의 조언을 따르는 것은 하느님의 부르심을 무시하는 것이다(1.6 참조).

13 이 질문은 몰라서 하는 질문이 아니라 놀라움에서 나온 질문이다. 이 질문을 통해 바울로는 적대자들에 대해 적개심을 간접적으로 드러내고 있다. 그들의 목적은 갈라디아인들이 진리에 지속적으로 순종하는 것을 방

> 온 것이 아닙니다.[15] 9 얼마 안 되는 누룩이 온 반죽 　　1고린 5,6
> 을 부풀게 합니다.[16] 10 나는 여러분이 다른 어떤
> 것도 생각하지 않으리라고[17] 주님 안에서 여러분을
> 신뢰하고 있습니다.[18] 그러나 여러분을 혼란케 하는
> 자는 누구라도[19] 심판을 받을 것입니다. 11 그러나
> 형제 여러분, 내가 만일 여전히 할례를 선포한다면
> 무엇 때문에 지금껏 박해를 받고 있겠습니까?[20] 그
> 랬더라면 십자가의 걸림돌[21]은 벌써 치워졌을 것입　　1고린 1,23

해하기 위함이었다. 여기에서 "진리"란 복음을 지칭한다.

14　"페이스모네" $\pi\epsilon\iota\sigma\mu\text{ov}\acute{\eta}$ 라는 표현은 드문 표현으로서 신약에서 오직 이곳에서만 쓰이고 있으며 어떤 그리스 저술에서도 보이지 않는다. 이는 하느님의 의도와 목적에 대조되는 "획책된 꾀임"이라는 뜻으로 이해되어야 한다.

15　"여러분을 부르신 분"은 하느님을 지칭한다. 바울로는 이 문장을 통해 적대자들의 일과 영향은 하느님의 의지와 목적과는 아무런 관계가 없다는 것을 강조한다.

16　바울로는 격언(1고린 5,6 참조)을 사용하여 유대주의의 확산적인 힘을 강조하고 있다. 소량의 누룩은 적대자들의 꾀임을, 반죽의 발효는 그 꾀임이 일으키는 부정적 영향, 즉 복음에 대한 갈라디아인들의 불순종을 상징한다.

17　바울로가 신뢰하는 것이 무엇인지를 설명하는 구절이다. "다른 어떤 것도 생각하지 않으리라고"에서 동사의 시제가 미래인 것은 갈라디아인들이 바울로의 편지를 받고서는 복음으로 돌아올 것이라는 그의 신뢰와 희망을 드러내고 있다.

18　바울로는 갈라디아인들의 상황이 실망스러운 국면에 접어드는데도 불구하

고 그들에 대한 신뢰를 표현하고 있다. 이 신뢰는 인간적 계산이나 현상
황에 대한 오판에서 나온 것이 아니라 그리스도와의 일치에 바탕을 둔 것
이었다. 그는 주님이 갈라디아인들을 아직 떠나지 않고 그들로 하여금 복
음의 진리를 보존하게 해주실 것을 믿었다.

19　바울로는 혼란을 야기하는 사람들을 단수로 표현함으로써 최대한 일반화
시키고 있다. 즉, 그 사람, 혹은 그들이 얼마나 중요하고 존경받는 사람
인지 상관없이 혼란을 가져오는 사람들은 모두 심판을 받을 것이라는 위
협이다. 여기에서 혼란은 구원의 방법과 관련된 불안과 혼동을 의미한다.

20　"내가 만일 여전히 할례를 선포한다면"이란 문장은 비현실적 가정문이다.
왜냐하면 이 편지에서 바울로는 할례의 무용론을 주장하고 있기 때문이다
(5.2). 그렇지만 바울로는 "여전히" 혹은 "아직"이라는 표현을 삽입하여,
전에는 할례를 주장한 적이 있었음을 암시하는 듯한 느낌을 주고 있다.
아마도 바울로의 적대자들은 바울로가 유대인들에게 복음을 선포하기 위
해 그들의 생활양식을 따른 것을 보고서(1고린 9.20), 바울로 자신도 할례가
자신의 목적에 부합될 때는 그 유효성을 받아들였다고 주장했던 것 같다.
바울로는 그런 주장을 염두에 두면서 그가 그런 생각을 갖고 있다면 유대
주의자들에게 반대를 받지 않았을 것이라는 대답을 제시하고 있다. 사실
그가 할례를 복음과 함께 선포했더라면 할례를 주장하는 자들의 박해를
피할 수 있었을 것이다.

21　"십자가의 걸림돌"에서 "십자가의"라는 속격은 주격적으로 쓰일 수도 있
고(즉, 십자가가 걸림돌이라는 의미), 이유를 뜻할 수 있다(십자가 때문에 생긴 걸림돌이라는
의미). "걸림돌"이라는 용어는 원래 함정, 당황과 공격의 원천, 분개와 저
항을 유발시키는 자극적인 것을 가리킨다. "십자가의 걸림돌"은 바울로의
"십자가" 신학의 본질적인 면을 몇 가지 요약하고 있다. 그리스도교 메시
지의 "걸림돌"은 구원이 그리스도의 십자가형과 죽음을 바탕으로 선포된
다는 것이다. 이는 유대인들에 대한 공격인데, 왜냐하면 구원은 "그리스

> 니다. 12 여러분을 선동하는 자들은 차라리 스스로 거세라도 해 버렸으면 좋겠습니다.[22]
>
> 13 형제 여러분, 여러분은 자유를 위해 부름받았습니다.[23] 모름지기 그 자유를 육을 위하는 구실로 삼지 말고[24] 사랑으로 서로를 섬기시오.[25] 14 모든 율법[26]은 "네 이웃을 네 자신처럼 사랑하라"는 한 말씀으로 성취되기 때문입니다.[27] 15 그러나 여러분이

1베드 2,16

레위 19,18

도 예수를 믿음으로써" 약속되며, 토라 준수를 바탕으로하는 유대교의 구원개념이 무효화된다는 것을 뜻하기 때문이다(H.D. Betz). 따라서 할례를 구원의 방법으로 주장하는 것은 십자가의 걸림돌을 제거하고 십자가가 지닌 구원의 힘을 무효화하는 것을 의미한다.

22 어떤 학자들은 바울로가 "거세"를 언급한 것은 갈라디아인들도 알고 있었던 이교의 사제들이 행하던 예식을 지칭한다고 주장하지만, 다른 학자들은 바울로가 할례의식을 비꼬기 위해 대중들이 역겨워하는 표현을 사용하고 있을 뿐이라고 주장한다. 사실 거세는 율법에서 금하는 것이기 때문에 (신명 23,1) 바울로도 자신의 적대자들이 거세할 것이라고는 기대하지 않았을 것이다.

23 이 표현은 "자유"라는 표현을 매개로 해서 5,1a와 연결되고 있다. 5,1에는 "자유롭게 하다"라는 동사가 3인칭 단수형으로 사용됨으로써 그것이 그리스도의 행위임을 강조하고 있고, 여기에서 자유에로 "불림을 받다"라는 표현은 신학적 수동태로서 주어가 하느님이심을 암시한다. "자유"는 갈라디아인들이 그리스도인으로 불림을 받은 목적이며, 율법, 죄, 이 세상의 원소들의 종살이에서의 자유를 의미한다.

24 원문에서는 동사가 생략되어 있는데, "(구실로) 삼다", "(기회로) 행사하다"라

는 말로 이해해야 한다. "기회" 혹은 "구실"로 번역되는 용어는 원래 군사 용어로서 "작전 지점, 기지"를 의미하였지만, 여기서는 더 일반적인 의미로 사용된 것이다. 어떠한 기회를 주어서도 안되는 적은 "육"이다. 많은 주석학자들은 이 "육"의 개념에 대해 논란을 벌여 왔다. 이 부분까지 바울로는 이 용어를 주로 "인간"(1,16: 2,16 참조)이나 "신체"(2,20: 4,13-14.23.29)를 지칭하기 위해 사용하였다. 그러나 이곳에서부터 시작해서 6,8까지 "육"은 전적으로 "윤리적"인 의미로 사용되고 있다. 이는 "영"과 대조되는 인류의 현재 조건을 암시하며, 아마도 가장 타당한 의미는 "타락한 혹은 죄 많은 본성"일 것이다. 그러나 그것이 인간의 육체가 본성적으로 악하다는 사상을 포함하고 있지는 않다.

25 "섬기시오"를 직역하면 "종노릇하시오". 그리스도교적 자유가 서로의 종이 되기 위함이라는 것은 역설이다. 그러나 이 종노릇은 우리를 위해 종이 되신 그리스도를 믿고 따르는 것으로서 부활한 그분의 자유에 동참하는 방법이다. 그리스도교적 자유는 그리스도와 다른 사람들의 종이 되는 데서 실현된다.

26 "모든 율법"은 개별적인 규정들을 의미하는 것이 아니라 전체로서의 율법, 혹은 율법 정신을 가리킨다.

27 이 문장은 14절의 주장에 대한 이유를 제시하는 이유문으로 보아야 한다. 이미 앞에서 율법이 의화의 근거가 될 수 없으며(3,6-14), 율법은 그리스도께서 오시기 전까지 한정적 역할만 했다고 주장한(3,23 - 4,7) 바울로가 여기에서 갑자기 율법의 성취에 대한 문제를 언급하고 있는 것은 이상하다. 그러나 학자들은 바울로가 율법의 "성취"와 율법을 "행하는 것 혹은 준수"를 구분하고 있음에 주목하면서, 그리스도인들에게 요구되는 것은 "성취"이지 "행하는 것"은 아니라고 주장한다(H.D. Betz). 또한 문맥상으로도 바울로는 그리스도교적 자유가 사랑을 통해 서로 섬기는 데 있다는 것을 논증하기 위해 레위 19,18을 인용하고 있으므로 여기에서 논지의 핵심은

> 서로 물어뜯고 잡아먹으려 한다면 피차 멸망할 것
> 이니 조심하시오.[28]
>
> **영의 열매와 육의 행실**
>
> 16 그러므로 나는 말합니다. 영을 따라 거니시   로마 8,4
> 오.[29] 그러면 여러분은 육의 욕정을 결코 채우지 않   갈라 5,25
> 을 것입니다.[30] 17 왜냐하면 육은 영을 거슬러 욕정
> 을 일으키고 영은 육을 거슬러 일어나기 때문입니   로마 7,15-23
> 다.[31] 사실 이것들은 상극이라[32] 여러분이 원하는 것
> 을 행하지 못하게 합니다.[33] 18 그러나 영에 인도된   로마 8,14

율법이 아니라 사랑에 있다. 그리스도의 사랑에 대한 응답이며, 그리스도 안에서의 새로운 실존을 나타내는(2,2 참조) 이 사랑은 그리스도인들에게 윤리적 생활을 촉구하며, 그 사랑의 결과로써 모세의 율법의 진정한 의미를 실천하게 하는 것이다(R.N. Longenecker).

28 "서로 물어뜯고 잡아먹다"라는 표현은 사나운 짐승들이 서로 싸우는 것을 연상시키는 표현으로서, 14절에 서술된 상호간의 사랑과 대조되는 표현이다. 문장 구문상 가정법이 아니라 직설법의 조건문 형태이기 때문에 어떤 학자들은 당시에 갈라디아인들의 실제 상황, 아니면 적어도 바울로가 생각하는 갈라디아인들의 상황을 표현하고 있다고 보는 반면, 다른 학자들은 문학상 표현일 뿐이라고 주장한다. 하지만 그것이 실제 갈라디아 교회의 상황이라고 해도 싸움의 구체적 동기나 목적에 대해서는 추측만 할 수 있을 뿐이다.

29 "거닐다" 혹은 "걷다"περιπατέω라는 표현은 "가다"라는 히브리어(hālak)의 번역으로서 "돌아다니다"를 뜻하고 상징적으로는 종교적·도덕적 행위와 생활양식을 서술하는 데 쓰인다. "거닐다"라는 동사가 현재형으로 쓰인 것

은 갈라디아인들이 과거에 행하고 있던 것을 계속해야 한다는 뜻을 내포한다. "영을 따라"라는 표현의 여격은 기원과 도구성을 모두 의미하며, 따라서 율법주의나 자유방임주의와는 다른 생활양식을 지칭한다. 하느님의 아들 자격을 얻게 하는 원칙인 성령은 그리스도인 행동의 원칙이기도 하다(5.18). 따라서 그리스도인은 자신의 삶 속에서 성령의 현존을 체험하면서(3.3-5 참조), 신앙에 따라 살아야 하는 것이다(5.5 참조).

30　16b의 권고에 이어 하나의 약속이 제시된다. 이 약속은 앞의 명령에 종속되어 있으며, 그 결과이다. 이 약속에 전제되어 있는 것은 다음 구절에 나타나듯이 "영"과 "육"의 철저한 이원론이다. 육은 욕정을 일으키는 부정적 힘이며(5.16.24), 욕정은 사람이 영에 의지하지 않음으로써 야기된다. 그러나 사람이 자신의 삶을 성령으로 채운다면 반대 세력인 육체의 의도는 그 목표를 달성하지 못할 것이며 육이 행하는 일들이 일어나지 못할 것이라는 결론이다.

31　바울로는 육과 영의 대조를 교차대구적 형태로 강조하고 있다. 육은 하느님을 거절하는 자들의 생활원칙을, 영은 하느님을 믿고 따르는 이들의 생활원칙을 가능케 하는 초월적 힘이다.

32　직역하면 "이것들은 서로 적대합니다". 바울로는 영과 육을 가리켜 "이것들"이라는 중성 인칭 대명사 복수로 표현함으로써 그것을 인격적 힘으로 생각하는 것이 아니라 하나의 존재, 실재처럼 다루고 있다. 또한 "적대하다"라는 현재형 동사는 그 적대, 대조가 지속적인 것임을 나타낸다.

33　"영"과 "육"은 완전히 대치되는 개념이기 때문에 사람이 "육"의 지배하에 있을 때는 자신이 옳다고 생각하는 바를 행하지 못한다. 그리스도와 일치되고 성령을 받았어도 그리스도인은 여전히 "육"에 투쟁해야 하는 것이다. 이는 율법과 죄의 법과 하느님의 법 사이에서 내적 갈등을 겪는 인간의 상황에 관한 것이다. 이와 비슷한 생각이 로마 7.15-23에서도 발견된다.

다면 여러분은 율법 아래 있지 않습니다. [34] 19 육의 행실들은 명백합니다. [35] 음행, 부정, 방탕, 20 우상 숭배, 마술, 원한, 싸움, 시샘, 분노, 모략, 불목, 분열, 21 질투, 주정, 폭음 폭식, 그밖에 비슷한 것들입니다. [36] 전에도 내가 말했듯이 또 말하거니와, 이런 짓들을 하는 사람들은 하느님 나라를 상속받지 못할 것입니다. [37]

22 반면에 영의 열매[38]는 사랑, 기쁨, 평화, 인내, 친절, 착함, 신용, 23 온유, 절제입니다. [39] 이런 것

로마 6,14; 7,4

1고린 6,9-10; 에페 5,5; 묵시 22,15

에페 5,9

34 현재 수동태형으로 쓰인 영에 "인도된다"는 동사는 실제적으로 16절의 "거니시오"라는 명령과 동일한 뜻을 지니며, 이는 사람이 자신의 의지를 인도하는 영에 자발적으로 종속시킴을 의미한다. 이렇게 영의 인도를 따르는 사람은 "육"을 이기는 내적 원칙을 갖게 되고, 더 이상 율법의 형식적 규율에 구애받지 않기 때문에 "율법의 지배"에서 자유를 얻게 된다.

35 "명백하다"는 것은 육의 행실들이 공적으로 행해진다는 의미가 아니라 그것이 "육의 행실들"이란 것이 분명히 드러나기 때문에 모든 사람이 그것을 알 수 있다는 의미이다.

36 바울로는 악습의 목록에 대표적인 15개항의 악습을 열거하고 있다. 이런 목록은 유대교와 그리스의 윤리철학, 그리고 신약성서(마르 7,21-22; 마태 15,19; 1고린 6,9-10; 2고린 12,20; 로마 1,29-31)에서도 발견된다. 바울로는 이 악습의 목록 마지막에 "그밖에 비슷한 것들"이라는 말로 끝내고 있는데, 이는 앞에 열거한 악습들이 대표적인 것임을 가리킨다. 이 악습들은 목록 안에서 어떤 특정한 질서나 구조와 상관없이 나열되고 있는 듯하다. 물론 이 악습들을 몇 가지 범주로 묶으려는 시도들이 있었다. 그 중 가장 일반적

인 것이 세 가지의 "성적 범죄"(음행, 부정, 방탕), 두 가지의 "이교도적 생활"(우상숭배, 마술), 여덟 가지 "인간관계에서의 갈등"(원한, 싸움, 시샘, 분노, 모략, 불목, 분열, 질투), 두 가지 "술 취함과 그 결과"(폭음, 폭식)로 나누는 것이다. 그렇지만 이 목록에는 "간음"과 "살인" 같은 주요한 항목이 빠져 있고, 목록을 나열하는 원칙을 찾기가 어렵기 때문에, 바울로가 임의로 수집한 용어를 한데 모으면서, 사람들 가운데서 일상적으로 발생하는 악을 묘사하고 있다고 보는 것이 나을 듯하다. 희랍어의 구조 측면에서 굳이 강조적인 위치라고 하면 첫 자리, 즉 음행에 있다고 하겠다(R.N. Logenecker).

37 바울로가 "전에도 내가 말했듯이"라고 하는 것은 아마도 그가 갈라디아인들과 함께 있었을 때 가르친 것을 염두에 두고 있는 것 같다. 그렇지만 바울로는 이런 가르침을 준 시기에 대해 정확히 언급을 하고 있지 않기 때문에 여기에 있는 것은 바울로가 가르쳤던 세례 전 교리 교습으로서 윤리적 가르침의 한 부분일 것이라고 추측해 볼 수 있다(디다케 7,1에 의하면 새로운 개종자들은 세례 전에 윤리적 가르침을 받았다). 이는 "하느님 나라"라는 용어가 바울로에게 그다지 중요한 것이 아니며, 앞부분에서 아무런 언급도 없이 갑자기 등장하고 있다는 데서도 뒷받침된다. 바울로가 이것을 그들과 함께 있을 때 윤리적 가르침으로 준 것이라면 이것은 초대 그리스도교 교리 교습의 가르침이었을 것이다(R.N. Logenecker).

38 "영의 열매"는 "육의 행실"에 대치되는 개념으로 사용되고 있으며, 따라서 율법이나 육의 지시대로 살려는 인간의 노력과 대치되는 자발적으로 성령을 따라 사는 삶을 가리킨다.

39 어떤 학자들은 이 덕목의 목록도 일정하게 분류하려고 시도하였다. 예를 들어 베츠H.D. Betz는 바울로가 악습의 목록은 악습의 특징인 무질서를 강조하기 위해 아무런 기준 없이 나열한 반면, 덕의 목록은 의도적으로 일정한 질서에 따라 배열하였다고 주장한다. 즉, 사람 마음의 상태에 관한 것(사랑, 기쁨, 평화), 인간 관계에 관한 것(인내, 친절, 착함), 처신의 원칙에 관한

들에 반대되는 율법은 없습니다.[40] 24 그런데 그리스도 〔예수〕께 속하는 사람들은 육을 그 정욕과 사욕과 함께 십자가에 이미 못박았습니다.[41] 25 우리가 영으로 사는 사람들이라면[42] 영을 따라 계속 걸어갑시다.[43] 26 서로 시비하며 질투함으로써 자만하지 맙시다.[44]

1디모 1,9

로마 6,6;
골로 3,5

로마 8,4;
갈라 5,16

필립 2,3

그리스도의 법 — 서로 남의 짐을 져 주라

6 1 형제 여러분, 만일 누가 무슨 잘못을 저질렀거든[1] 영적인 사람들[2]인 여러분은 온유한

마태 18,15
야고 5,19

것(신용, 온유, 절제)이 그것이다. 그러나 이런 분류는 본문 자체에서 나온 것으로 보기에는 너무 인위적이기 때문에 무작위로 배열했다고 보는 것이 낫다. 여기에서도 첫 자리에 놓인 "사랑"이 강조적 위치에 있다고 볼 수 있는데, 이는 아마도 "사랑으로 서로를 섬기라"(5,13)는 훈계를 상기시키려는 의도인 것 같다.

40 이러한 영의 열매를 거스르는 법을 제정할 필요가 없는데, 왜냐하면 율법은 "범법 때문에 곁들여진" 것이기 때문이다. 바울로가 여기에서 다시 율법을 언급하는 이유는 율법 위주의 도덕생활을 추구하는 갈라디아인들의 현상황을 상기시키면서 그리스도인의 윤리규범은 율법이 아니라 영이라는 것을 강조하기 위한 것이다.

41 신앙과 세례 안에서 그리스도와 함께 십자가에 못박힌 그리스도인은(2,19) 율법에 대해서만 죽은 것이 아니라 육 자체와 그 세속적이고 타락한 경향들에 대해서도 죽은 것이다(6,14). 따라서 그리스도와 함께 십자가에 달린다는 것은 그리스도인의 새로운 생활양식을 의미하는데, 그것은 "그리스

도께서 내 안에 사는 것"이기 때문이다(2.20).

42 "영으로 산다"는 표현은 갈라디아서에서 처음 나오는 표현이지만 "영을 따라 거닐다"(16절), "영에 인도된다"(18절)라는 표현과 같은 의미이다.

43 "따라 걷다"라는 표현은 군사용어로서 "곧은 선 안에서 걷다, 대열에 속하다, 줄을 지어 서다"라는 뜻을 지니고 있으며 나중에 "표준에 부합하다, 동의하다, 호응하다"라는 의미로 사용되었다. 그리스도교적 생활은 영으로 충만해서 영의 인도에 따라 행군하며 육의 욕망을 파괴하는 윤리적 처신을 뜻한다.

44 자만하고 시기하고 질투하는 것은 영에 따라 살지 않고 육을 따라 사는 자들의 행실이며, 이는 다른 사람들과의 인간관계나 공동체 생활을 하는데 결정적인 약점이 된다. 그래서 바울로는 갈라디아인들에게 자기 중심적 생활을 버리고 공동체의 일치를 위해 책임을 다하라고 권고했던 것이다. 그의 권고는 그들이 실제로 공동체 생활에 문제를 일으키고 있었다는 것을 전제한다(5.15).

1 문장 형태는 가정문으로서 미래의 가능한 현실을 가정한다. 즉, 바울로는 갈라디아인들에게 닥칠 가능성이 있는 상황을 상정하며 자신의 권고를 이야기하고 있다. 학자들에 따라서는 바울로가 갈라디아 공동체에서 이미 일어났던 사건을 기술하고 있다고 보기도 한다. 범법행위가 일어났었기 때문에 갈라디아인들이 토라를 도입하려고 했었다는 것이다(H.D. Betz)

2 학자들에 따라서는 바울로가 갈라디아인들을 "영적인 사람들"이라고 부르는 것은 비꼬는 뜻이라고 해석하기도 한다. 하지만 앞에서 이미 바울로가 그들이 소유한 성령에 대해 계속 강조하고 있기 때문에(참조 3.2.3.5.14: 4.6-29: 5.5.16.17.18.22.23.25) 역설적인 칭호라고 받아들일 필요가 없으며, 갈라디아 공동체의 일부에게만 해당되는 것이 아니라 공동체 전체를 가리키는 칭호로 보아야 한다.

> 마음으로[3] 그를 바로잡아 주시오.[4] 아울러 그대 자
> 신도 유혹에 떨어질세라 스스로 살피시오.[5] 2 여러
> 분은 서로의 짐들을 져 주시오.[6] 그렇게 여러분은
> 그리스도의 법을 성취할 것입니다.[7] 3 사실 누가 실
> 제로 그렇지 않으면서도 자신이 무엇이나 되는 것
> 처럼 여긴다면 그것은 자기 자신을 속이는 짓입니
> 다.[8] 4 각자 자기 행실을 성찰하시오.[9] 그리고 무엇
> 인가 자랑거리가 있다면 그것은 자기 혼자의 것이
> 지 남과 견줄 것이 아닙니다.[10] 5 왜냐하면 각자가
> 자신의 짐[11]을 져야 하기 때문입니다.

로마 15,1

1고린 11,28;
2고린 13,5

로마 14,12

3 직역하면 "온유의 영으로". 여기에서 "영"은 성령이 아니라 인간의 마음
  을 의미하며 5,22-23에 "성령의 열매"로 표현된 덕목이다. 온유함은 엄격
  하고 가차없이 질책하는 태도와 대조되는 사랑으로 포용하는 자세를 가리
  킨다.

4 "바로잡다"는 표현은 윤리적인 의미로서 이전의 좋았던 상태로 복원시키
  는 것을 의미한다.

5 6,1ab의 주어는 2인칭 복수("여러분")였는데 6,1c에서 주어가 갑자기 재귀
  대명사와 함께 2인칭 단수("그대")로 바뀌고 있다. 이는 경고를 각 개인에게
  적용시킴으로써 더욱 강조하기 위한 것이다.

6 "짐"으로 번역된 단어의 원래 뜻은 "무게"를 의미하는데, 신약 안에서 상
  징적으로 "가혹한 짐"을 가리킨다. 따라서 어떤 종류든지 "가혹한 짐"을
  의미할 수도 있지만 여기에서는 1절에서 이야기하는 "유혹의 짐", 즉 형
  제가 탈선에 유혹되는 것을 의미한다.

7 그리스도인들은 모세의 율법에서 해방되었기 때문에 "그리스도의 법 아래에 있는 사람들"(1고린 9,21)이 되었다. 그리스도의 법은 "생명을 주는 영의 법"이다(로마 8,2). 이 문맥에서 그것은 사랑의 법으로 구체화되는데, 그리스도인들은 형제적으로 서로 잘못을 바로잡아 줌으로써 남의 짐을 져 주기 때문이다.

8 주어가 3인칭 단수이며, 동사들이 직설법, 능동태, 현재형으로 사용되고 있는 것은 이 문장이 격언적인 뜻을 지니고 있다는 것을 암시한다. 바울로는 이 격언을 "서로의 짐들을 져 주시오"라는 명령을 뒷받침하기 위해 사용하고 있다. 즉, 실제로 자신이 아무것도 아님에도 불구하고 무엇이나 된 듯이 여긴다면 다른 사람의 짐을 져 주지 않게 될 것이다. 이는 교만하지 말라(5,26)는 훈계와도 일맥상통한다.

9 "성찰하다" 혹은 "검증하다"는 말은 자신의 모든 행위를 비판적 안목으로 검증하여 그것이 하느님의 뜻에 부합하는지를 확인하는 것이다(참조 1고린 3,13; 11,28; 2고린 13,5; 1데살 5,21).

10 직역하면 "그때 그는 자랑할 근거를 다른 사람을 위해서가 아니라 자기 자신만을 위해 갖게 될 것입니다". "갖다"라는 동사가 미래형으로 쓰인 것은 갈라디아인들이 자랑할 만한 것을 갖고 있으며 종말에 하느님의 인정을 받아야 자랑할 수 있을 것임을 뜻한다. 그리스도인들은 인간적 업적이나 성취 때문이 아니라 하느님의 은혜로 구원받았는데, 그것은 그들이 자랑할 수 없도록 하기 위함이다(에페 2,9). 그리스도인들은 사람을 자랑의 근거로 삼지 말고(1고린 3,21) 주님 안에서 자랑해야 한다(1,31; 2고린 10,17; 필립 3,3).

11 6,2의 "짐"과는 다른 의미이다. 이 "짐"은 아마도 일상생활에서의 평상적 의무로 이해해야 할 것이다.

12 "말씀"은 여기에서 "그리스도교적 메시지"를 뜻한다(참조 1고린 1,18; 2고린 5,19; 에페 1,13; 필립 1,14; 골로 1,25; 4,3; 1데살 1,6; 2,13; 2디모 4,2). 말씀을 배우는 사람이

> 6 말씀에 대해 가르침을 받는 사람은[12◁] 가르치는 이와 함께 모든 좋은 것들을 나누시오.[13] 7 착각하지 마시오.[14] 하느님은 조롱당하시지 않습니다.[15] 사람은 자기가 뿌린 것을 그대로 거둘 것이기 때문입니다.[16] 8 자신의 육에다 씨뿌리는 사람은 육에서 부패를 거두겠지만 영에다 씨뿌리는 사람은 영에서 영원한 생명을 거둘 것입니다.[17] 9 선을 행하기에 싫증내지 맙시다.[18] 우리가 포기하지 않는다면 제때에 추수할 것이기 때문입니다.[19] 10 그러므로 시간

1고린 11,28;
2고린 13,5

요한 3,6;
6,63;
로마 8,13

2데살 3,13

나 가르치는 사람이 단수로 표현된 것은 특정한 신분의 사람들을 지칭하는 것이다.

13 "나누다"라는 동사는 현재 명령법으로 쓰이고 있으며 사람을 3격 목적어로 취하는데, 이는 권고적인 명령의 의미를 지닌다. 또한 "모든 좋은 것들"은 물질적인 재물뿐 아니라 영적인 이로움을 포함하는 일반적인 표현이다. 그러나 문맥상 물질적 재산, 즉 금전적인 지원을 떼어놓고는 제대로 이해할 수 없는 내용이다. 바울로 자신은 복음을 선포한 대가로 보수를 받을 권리가 있었지만 그것을 스스로 포기했다(1데살 2,9; 1고린 9,15-18; 사도 20,33-35). 그렇지만 갈라디아인들에게는 가르치는 이들에게 보수를 주라고 지시하고 있다.

14 "착각하지 마시오"는 "속지 마시오"로도 번역할 수 있다. 이 표현은 보통 경고문 앞에 위치하는 감탄사의 역할을 하는 것으로 보이며, 따라서 바울로 시대에 경고의 내용을 이끄는 일반적인 형식이었음을 암시한다.

15 주어가 하느님이라는 점, 동사의 시제가 현재라는 점 등으로 미루어보아 이 문장은 격언적 표현임을 알 수 있다. 바울로는 7절에서 경고의 메시지

를 전하고 8절에서는 그것을 설명하고 있다. 즉, 육에다 뿌리면서 영원한 생명을 추수할 것을 기대하는 사람은 하느님의 정의를 조롱하는 것인데, "하느님은 조롱당하는 분이 아니시다!"라는 것이다. 하느님께서 조롱당하지 않으신다는 이유는 사람은 뿌리는 대로 추수하기 때문이다.

16 농사에 관련된 이 격언은 사람의 행위에 부합하는 결과가 초래된다는 의미를 갖고 있는데, 왜냐하면 하느님께서는 실제로 그렇지 않은 것을 속아서 믿는 분이 아니기 때문이다. "추수"란 심판을 가리키는 전문용어이며, 따라서 사람이 이 지상에서 무엇을 심는가, 즉 어떻게 사느냐에 따라 하느님께서 심판하신다는 뜻이다.

17 "영"과 그에 상응하는 "영원한 생명"은 5,16.18.22-25에서 이야기하는 성령의 인도로 사는 삶과 연관되고 있으며, "육"과 "부패" 혹은 "파멸"은 5,16-21에 나오는 "육의 행실"과 연결되고 있다. "육에 씨뿌린다"는 표현은 경멸의 뜻을 가지며 아마도 갈라디아인들의 자유방임주의적인 경향을 염두에 두고 있는 듯하다. 각자가 육의 토양에 씨를 뿌리거나 영의 토양에 씨를 뿌리는 것에 따라 세말의 운명이 결정된다(2고린 5,10 참조).

18 9절은 7절의 경고, 8절의 설명에 대한 실천적 결론이다. "선을 행한다"는 것은 그리스도인이 실천해야 하는 모든 것을 포함하며, 따라서 "영의 열매"(5,22-23)나 "영을 따름"(5,25: 참조 5,16)이라는 개념과 동의어이다. 특별히 6,1-6의 명령을 지칭하는데, 그것은 잘못을 저지른 형제를 바로잡아 주는 것(1절), 다른 사람의 짐을 져 주는 것(2절), 복음을 가르치는 사람에게 물질적인 도움을 주는 것(6절)을 가리킨다.

19 "포기하다"라는 동사는 열성이 식어 신앙생활에 무기력해지고 선행을 할 의욕을 잃는 것을 뜻한다. 또다시 "수확하다", "추수하다"라는 비유는 종말론적 보상을 묘사하는 데 사용되고 있다(7-8절 참조). 바울로에게 있어 영적 추수의 열매는 하느님과 그리스도인의 일치된 행동을 통해 이루어진다. 그

이 있는 동안에 모든 사람, 특히 믿음으로 한집안이
된 사람들에게 선을 베풉시다.[20]

맺음말과 축복[21]

11 보시오,[22] 내가 이렇게 큰 글자로 손수 여러분
에게 씁니다.[23] 12 육으로 잘난 체하려는 자들이[24] 여
러분에게 할례를 강요하는 것은 단지 그리스도의 십   갈라 5,11
자가로 말미암은 박해를 받지 않으려는 것입니다.[25]
13 사실 할례받은 자들은 자신도 율법을 지키지 않
으면서 여러분의 육신에다가 저질러 놓은 일을 자랑
하려고 여러분이 할례받기를 원하고 있습니다.[26]

리스도인은 자신의 삶 안에서 활동하시는 성령께 항구적으로 응답하고 특
히 "인내"의 덕(5,22 참조)을 발휘함으로써 구원을 얻을 것이다(1고린 9,24-26).

20 10절은 6,1-10의 권고 부분뿐 아니라 5,13 - 6,10 전체의 결론이다. "시
간"은 하느님이 세말의 심판을 행하기 전 이웃에게 선을 행해야 하는 유예
기간을 가리킨다. 그리스도인들은 특정한 대상만이 아니라 모든 사람에게
사랑에서 우러나오는 선행을 실천해야 한다. 특히, 도움을 필요로 하는
"믿음으로 한집안이 된 사람들"에게, 그리스도 안에 일치된 동료 신자들에
게 특별한 관심을 기울여야 한다. "믿음으로 한집안이 된 사람들"이라는
범주에는 유대계 그리스도인들과 이방계 그리스도인들이 모두 포함된다.

21 6,11-18은 갈라디아서의 결론부에 해당된다. 다른 편지들과는 달리 바울
로는 여기에서 본론에서 논한 주제들을 다시 요약하고 있다.

22 "보시오"라는 것은 주의를 환기시키고 다음에 나오는 것의 중요성을 강조
하기 위해 사용된 것이다.

23   "손수"(직역하면 "내 손으로 직접")라는 표현은 단순히 갈라디아인들에게 필사가 바뀌고 있다는 것을 알려주는 역할을 할 뿐 아니라 편지의 본문이 끝나고 결론부가 시작한다는 표지이기도 하다. 당시의 관습에는 대필인에게 편지를 구술시키고, 결론부만을 친필로 써서 대필인이 받아쓴 부분도 자신의 말임을 증명했다. 따라서 친필 부분은 오늘날의 "서명"에 해당한다고 하겠다. 바울로가 "큰 글자"로 쓴 이유는 어떤 학자들의 주장대로 바울로가 눈병을 앓아서가 아니라(4,15 참조) 다음에 나오는 내용을 강조하기 위한 것으로 보아야 한다.

24   실제 원문은 "육으로 잘난 체하기를 원하는 모든 이들". 여기에서 "육"은 윤리적인 의미라기보다는 신체적인 의미로 사용되었다(참조 2,20; 4,13.14.23.29). 신체를 도구로 잘난 체하기를 원하는 자들은 정신적 · 내적 가치를 무시하고 할례 자국을 통해 보기 좋은 외관을 갖기를 원하는 사람들이다.

25   바울로의 적대자들은 이방계 그리스도인들이 선택된 백성 이스라엘에 완전히 받아들여져서 아브라함의 약속을 충만히 받는 사람들이 되도록 노력한다고 주장하지만, 바울로는 그들이 이방계 그리스도인들이 할례를 받게 되고 그래서 이스라엘과 연관된 것을 자랑하려는 것을 주목적으로 삼는다고 고발한다(13절). 이것은 실제로 주관적인 판단이긴 하지만 갈라디아 교회에서 유대주의자들의 실제 목적을 바울로가 어떻게 이해하고 있었는지를 보여준다. 여기에서 바울로는 적대자들이 할례를 강요하려 한 것은 다만 그리스도의 십자가 때문에 초래되는 박해를 피하기 위함이었다고 주장한다. 즉, 적대자들은 갈라디아인들이 할례의 요구를 받아들이게 함으로써 유대인 동료들의 박해로부터 자신들을 (그리고 아마도 팔레스티나의 유대계 그리스도인들도) 보호하려고 했다는 것이다.

26   바울로는 자신의 적대자들을 "할례받은 자들"이라고 표현한다. 그들이 다만 박해를 피하기 위해 할례를 주장했다는 것은(12절) 그들이 할례를 명하는 율법의 다른 규정들을 지키지 않은 데서 입증된다. 그들은 갈라디아인

> 14 그러나 내게는 우리 주님 예수 그리스도의 십자가말고는 아무것도 자랑할 것이 없습니다.[27] 그리스도의 십자가로 말미암아 나는 세상에 대해 못박혔고 세상도 나에 대해 못박혔습니다.[28] 15 왜냐하면 중요한 것은 할례나 비할례가 아니라 새 창조이기 때문입니다.[29] 16 이 기준을 따라 걷는 모든 이[30]와 하느님의 이스라엘에게 평화와 자비가.[31] 17 앞으로는 아무도 내게 괴로움을 끼치지 마시오.[32] 나는 내 몸에

1고린 1,31;
2,2

1고린 7,19;
갈라 5,6
2고린 5,17

시편 125,5;
128,6

들을 자신들의 추종자로 만들어 할례를 받게 하고 그것을 자랑하려는 것에만 관심이 있지 율법 준수에는 관심을 두지 않았다.

27 직역하면 "그러나 내게는 우리 주님 예수 그리스도의 십자가 안에서가 아니면 절대로 자랑할 수 없습니다". "십자가 안에서 자랑하다"는 "육으로 자랑하다"(12절)와 대조된다. 바울로는 유대주의자들이 잘난 체하는 것과 대조되는 자신의 참된 자랑의 근거를 제시하고 있다. 여기에서 "십자가"는 그리스도 사건 전체를 의미한다. 십자가에 못박히신 그리스도의 복음이 구원받는 이들에게는 하느님의 힘(1고린 1,18)과 지혜(1고린 1,24)이기 때문에 바울로는 인간적 성취 대신 십자가를 자랑의 근거로 택했던 것이다.

28 여기에서 세상은 하느님을 적대시하는 모든 것, 육과 관련된 쾌락과 욕망의 영역을 지칭하는데, 유대주의자들은 그것을 자랑으로 여겼다. 바울로는 자신이 그 모든 것에 대해 죽었다고 이야기한다(2,19; 5,24). 그것은 어떤 심리적 경험을 통해서가 아니라 골고타의 역사적 사건을 통해서 이루어진 것이며, 또한 그 사건은 인간 구원을 위한 성부의 계획이 실현된 사건이었다. "십자가에 못박히다"라는 동사가 직설법 수동태 완료형으로 쓰인 것은 바울로가 신앙과 세례를 통해 그리스도 사건에 참여함으로써 얻게

된 상황임을 표현한다(로마 6,3-11).

29 갈라디아인들에게 보낸 편지의 목적과 결론부의 요점이 15절에 요약되어 있다. 그리스도의 십자가가 구원의 유일한 힘으로 드러난 이상 할례와 비할례가 뜻하는 민족적·문화적·종교적 분리는 아무런 중요성을 갖지 못하고 새로운 창조가 중요하다는 것이다. 바울로의 용법에서 "창조"라는 단어는 로마 1,20에서만 능동적 의미의 "창조"를 가리키며, 여기와 다른 곳에서는 "피조물"을 나타낸다(참조 1고린 7,19: 15,47-49: 로마 6,3-4). 따라서 "새로운 창조"란 "새로운 피조물"을 의미하며 이는 그리스도의 실존을 지칭하는 말이다. 즉, 지금 "그리스도 예수 안에" 있는 사람들은(3,26 참조) 그리스도의 영을 받았으며(4,6 참조), 세례를 통해 그리스도를 "입었다"(3,27). 그리하여 그들은 "그리스도에게 속하며"(5,24), "새로운 삶"을 영위하고(2,19-20: 5,25), 그들 자신이 "새로운 피조물"이 되는 것이다.

30 직역하면 "이 기준에 부합할 모든 이와". 여기에서 "기준, 규범"이란 15절의 진술을 가리킨다. 기준에 부합한다는 것은 믿음과 세례를 통해 그리스도의 죽음에 동참하여 죄의 지배에서 자유롭게 된 사람들이 그분 안에서 이루어진 새 창조에 참여한다는 것을 뜻한다. "부합하다"라는 동사가 미래형으로 쓰인 것은 그것이 그리스도인들의 희망임을 나타낸다.

31 "하느님의 이스라엘"이란 "육에 의한 이스라엘"(1고린 10,18)에 대조되는 새로운 "아브라함의 후손들"(3,29: 참조 필립 3,3: 로마 9,6)로서의 그리스도교 백성을 의미한다. 바울로는 "평화가 이스라엘 위에 있으라!"(시편 125,5: 128,6)는 원문의 마지막 단어들을 변형시키고 있다. 다른 편지들에서는 "자비와 평화"를 기원하는 내용이 나오지만(1디모 1,2: 2디모 1,2: 2요한 3: 유다 2) 갈라디아서에서만은 그 순서가 바뀌어서 "평화와 자비"를 기원하고 있다. 그것은 평화가 자비와 더불어 주어진다는 것을 암시한다.

32 "괴로움"이란 갈라디아인들의 위기 상황에 대한 바울로의 걱정을 뜻한다.

> 예수의 상흔을 지니고 있기 때문입니다.[33]　　　2고린 4,10
>
> 18 형제 여러분, 우리 주님 예수 그리스도의 은
> 총이 여러분의 영과 함께 있기를. 아멘.[34]

"끼치지 마시오"가 현재 부정 명령법으로 쓰인 것은 그들이 과거에 괴롭히기 시작한 것을 계속하지 말라는 당부의 뜻이다. 즉, "더 이상 괴로움을 끼치지 마시오" 혹은 "괴로움 끼치는 일을 그만두시오"의 뜻이다.

33　바울로는 그리스도를 위해 병으로(4,13; 2고린 12,7), 매질로(2고린 11,25), 맹수들로(1고린 15,32), 그리고 괴로움으로 고통을 많이 당했기 때문에 그는 이런 고통을 "예수 그리스도의 종"임을 나타내는 낙인들이라고 이야기할 수 있었다(갈라 1,10; 참조 로마 1,1). 고대에는 "상흔"으로 번역된 단어가 특정 소유의 짐승들에게 표를 하는 낙인을 의미하였다. 바울로는 육에 새겨진 다른 표지(할례)를 자랑하려는 사람들에게 자신의 육체에 새겨진 이 "표지들"을 기꺼이 자랑하고 있는 것이다.

34　바울로는 여기에서도 다른 서간들에서처럼 사도적 축복으로 끝맺는다. "우리 주님 예수 그리스도의 은총"이란 표현은 골로사이서와 사목 서간을 제외한 전 서간에서 보이며, "여러분의 영과 함께"라는 표현은 필립비서와 필레몬서에 나타난다. 다른 서간들과 다른 점은 마지막 축복에서 편지의 수신인들을 "형제들"이라고 부르는 것과 끝에 "아멘"을 덧붙인 것이다. "형제들"이라는 표현은 바울로가 형제애에 호소하면서 그들의 충실을 간곡하게 당부한 것이며, "아멘"을 덧붙인 것도 각별한 당부의 표시인 듯하다.

<h1 style="text-align:center">참고 문헌 (주석서)</h1>

『갈라디아서』, H.D. 벳츠, 한국신학 연구소 번역실 역, 한국신학 연구소, 1997⁶.

『자유의 대헌장』, 박영식, 분도출판사, 1998.

Allan, J.A. *The Epistle of Paul to the Galatians*. TBC. London: SCM, 1951.

Amiot, F.S. *Paul: Epître aux Galates*. Paris: Beauchesne et ses Fils, 1946.

Baclay, W. *The Letters to the Galatians and Ephesians*. Daily Study Bible. Rev. ed. Edinburgh: St. Andrew Press, 1976.

Betz, H.D. *Galatians: A Commentary on Paul's Letter to the Churches in Galatia*. Hermeneia. Philadelphia: Fortress, 1979.

Beyer, W. *Der Brief an die Galater*. Rev. P. Althaus. NTD. Göttingen: Vandenhoeck & Ruprecht, 1962.

Bligh, J. *Galatians: A Discussion of St. Paul's Epistle*. London: St. Paul, 1969.

Boice, J.M. "Galatians". In *The Expositor's Bible Commentary*, vol. 10, ed. F.E. Gaebelein. Grand Rapids: Zondervan, 1976, 407-508.

Bonnard, P. *L'Epître de Saint Paul aux Galates*. 2nd ed. CNT. Neuchâtel and Paris: Delachau & Niestle, 1972.

Bousset, W. "Der Brief an die Galater". In *Die Schriften des Neuen Testaments*. 2nd ed. Göttingen: Vandenhoeck & Ruprecht, 1908, 2: 28-72.

Bring, R. *Commentary on Galatians*. tr. E. Wahlstrom. Philadelphia: Muhlenberg, 1961.

Bruce, F.F. *The Epistle to the Galatians*. NIGTC. Grand Rapids: Eerdmans, 1982.

Burton, E. de W. *A Critical and Exegetical Commentary on the Epistle to the Galatians*. ICC. Edinburgh: T. & T. Clark, 1921.

Cole, R.A. *The Epistle of Paul to the Galatians*. TNTC. Grand Rapids: Eerdmans, 1965.

Cousar, C.B. *Galatians. Interpretation*. Atlanta: John Knox, 1982.

De Wolf, L.H. *Galatians: A Letter for Today*. Grand Rapids: Eerdmans. 1971.

Duncan, G.S. *The Epistle of Paul to the Galatians*. MNTC. London: Hodder & Stoughton, 1934.

Fitzmyer, J.A. "The Letter to the Galatians". In *The Jerome Biblical Commentary*. Englewood Cliffs, NJ: Prentice-Hall, 1968, 2: 236-46.

Fung, R.Y.K. *The Epistle to the Galatians*. NICNT. Grand Rapids: Eerdmans, 1988.

Guthrie, D. *Galatians*. NCB. London: Marshall, Morgan & Scott, 1973.

Hendriksen, W. *The Epistle to the Galatians*. New Testament Commentary. Grand Rapids: Baker, 1969.

Knox, J. "Galatians, Letter to the". In *IDB* (1962) 2: 338-43.

Lagrange, M.-J. *Saint Paul, Epître aux Galates*. 2nd ed. Paris: Gabalda, 1925.

Lietzmann, H. *An die Galater*. 4th ed. HNT 10. Tübingen: Mohr-Siebeck, 1971.

Lightfoot, J.B. *Saint Paul's Epistle to the Galatians*. l0th ed. 1890; repr: London: Macmillan, 1986.

Loisy, A., *L'Epître aux Galates*. Paris: Nourry, 1916.

Lyonnet, S. *Les Epîtres de Saint Paul aux Galates, aux Romains*. Paris: Cerf, 1953.

Machen, J.G. *Machen's Notes on Galatians*, ed. J. H. Skilton, Nutley, NJ: Presbyterian & Reformed, 1977.

McDonald, H.D. *Freedom in Faith: A Commentary on Paul's Epistle to the Galatians*. Old Tappan, NJ: Revell, 1973.

Mussner, F. *Der Galatenbrief*. HTKNT 9. Freiburg, Basel, and Vienna: Herder, 1974.

Neil, W. *The Letter of Paul to the Galatians*. Cambridge Bible Commentary. Cambridge: Cambridge University Press, 1967.

Neill, S. *Paul to the Galatians*. New York: Association Press, 1958.

Oepke, A. *Der Brief des Paulus an die Galater*. 3rd ed., ed. J. Rohde. THKNT. Berlin: Evangelische Verlagsanstalt, 1973.

Osiek C. *Galatians. New Testament Message*. Wilmington, DE: Michael Glazier, 1980.

Pelagius. *Expositions of the Thirteen Epistles of St. Paul,* ed. A. Souter, Cambridge: Cambridge University Press, 1922.

Ramsay W.M. *A Historical Commentary on St. Paul's Epistle to the Galatians*.

2nd ed. London: Hodder & Stoughton, 1900.

Ridderbos, N.N. *The Epstle of Paul to the Churches of Galatia.* tr. H. Zylstra. NICNT. Grand Rapids: Eerdmans, 1953.

Schlier, H. *Der Brief an der Galater.* KEK 7, 10th ed. Göttingen: Vandenhoeck & Ruprecht, 1949.

Sieffert, F. *Der Brief an die Galater.* KEK 7, 9th ed. Göttingen: Vandenhoeck & Ruprecht, 1899.

Stamm, R.T., and Blackwelder O.F. "The Epistle to the Galatians". In *IB*, vol. 10. New York: Abingdon, 1953.

Stott, R.W. *The Message of Galatians.* Downers Grove, IL: Inter-Varsity, 1968.

Victorinus. *Marii Victorini Afri commentarii in epistulas Pauli*, ed. A. Locher, Leipzig: Teubner, 1972.

Watkins, C.H. *St. Paul's Fight for Galatia.* London: James Clarke, 1914.

Williams, A.L. *The Epistle of Paul the Apostle to the Galatians.* Cambridge Greek Testament. Cambridge: Cambridge University Press, 1911.

Zahn, T. *Der Brief des Paulus an die Galater.* 3rd ed. Kommentar zum Neuen Testament. Leipzig: Deichert, 1922.